Ensayos sobre PNL y Coaching

La Gota Plana

Paul Anwandter

La Gota Plana

© Paul Anwandter L., 2021
ISBN: 978-956-9860-28-7
Registro de Propiedad Intelectual
N° 2021-A-2038

CHAN! Editores
José Manuel Infante 85
Providencia
Santiago de Chile
www.agenciachan.com

Dirección de Arte: Agencia CHAN!
Diseño Portada: Paul Anwandter L.
Diagramación: Fernanda Vallejos M. / Florencia Henríquez C.

Índice

AGRADECIMIENTOS 7

PRÓLOGO 9

INTRODUCCIÓN 11

1. LA PENA POR EL DUELO 13

2. NUESTRO JUICIO DE CADA DÍA (¿DE CADA INSTANTE?) 21

3. LA ESTRUCTURA PROFUNDA 29

4. SOY INFLEXIBLE EN MI FLEXIBILIDAD 37

5. DÓNDE ANCLO MI BARCO 45

6. TENGO LA COMPETENCIA ¿TENGO LA CAPACIDAD? 55

7. "SECOND CYBERNETICS", CAMBIOS DE SEGUNDO ORDEN Y NIVELES DE
APRENDIZAJE EN PNL 75

8. ECOLOGÍA 83

EL AUTOR 95

A mi querido amigo Ricardo Escobar Borrero,
gran pensador y creador de historias
que se entremezclan y generan ríos de conocimiento y sabiduría,
con quien comparto sueños y una larga amistad.

AGRADECIMIENTOS

Quiero agradecer de forma muy especial a Marisol Castillo Vargas, Sandra Chiros, Janet Donoso, María Theresa Horta, Giancarla Marisio y Silvana Trigo, Profesoras de Programación Neurolingüística en la Academia Inpact, quienes año a año logran transmitir a nuestros alumnos y alumnas la pasión y el amor por esta disciplina, logrando que transformen sus vidas y consigan lo que se proponen.

Infinitas gracias también a aquellos que me acompañan en el día a día y que me facilitan e inspiran a escribir, entre quienes están:

- Janet Donoso, Alex Anwandter, Sergio Acuña, Christian Anwandter, Consuelo Biskupovic, Inés Anwandter, Milan Anwandter y Rosa Lanas.

- José Fernando (Nando) A. Borges, Maurílio Palmieri, Olvin Cáceres B., Ricardo Escobar B., Raul Echeñique, Marisol Castillo Vargas, Alvaro Calderón, Rosa del Corral, Carlos Marcelo Valenzuela T. y Jørgen Svenstrup.

- Jessica Bulos, Fernando Bacciarini, Luciane & Humberto Magalhães, Víctor Yañez y Carolina De Ponti.

- Otto Laske, David Clutterbuck, Milton Erickson y Betty Alice Erickson.

Muchas gracias a Florencia Henríquez C. por todo el apoyo, ideas, detalles y prolijidad en la edición de este libro.

Gracias también a Olvin Cáceres Bell por el estupendo prólogo.

Muchas gracias a ustedes, queridas lectoras y queridos lectores, por leerme; espero que este libro sea una puerta de entrada hacia profundizar en temas relacionados con PNL.

Paul Anwandter

Santiago de Chile, 8 de Marzo del 2021

PRÓLOGO

Conocí a Paul hace más de diez años, en diferentes espacios de Latinoamérica donde se dictan las formaciones y certificaciones de HCN World. De inmediato despertó en mí una gran admiración por su capacidad de transmitir conocimiento y desarrollar a otros, pues en cada oportunidad de encuentro con él, siempre, siempre, siempre hay aprendizajes y acciones. Este libro es fruto de ello.

Tras mudarme de país y llegar a Chile, inicié mis estudios en PNL, con el Practitioner Internacional en PNL y posteriormente el Master en PNL de la Academia Inpact y HCN World, formación que fue clave para mi experiencia de migración y de cambios. Y al leer este libro, dos años después de culminar mis estudios relacionados, puedo continuar mi proceso de aprendizaje y perfeccionamiento, a través de contenidos especializados que me invitan a seguir cultivando habilidades para una mejor práctica de mis conocimientos.

La simplicidad con que Paul Anwandter ofrece los diversos contenidos, aun aquellos más complejos, nos permite entender, aprender y desarrollar marcos de comparación con respecto al ejercicio profesional de la PNL y del coaching, pues se trata de un libro muy útil para contar con recursos adecuados y beneficiosos en el ejercicio de estas disciplinas. Así, cada temática que analiza va acompañada de descripciones detalladas, y ejemplos que ilustran con claridad el enfoque preciso para abordarla.

La Gota Plana contiene información de interés y provecho para ti que eres coach, NLPr, que seguramente estás estudiando alguna de las Tecnologías del Desarrollo Humano (TDH's), o quizá tengas interés en ello. A lo largo de la lectura podrás encontrar diferentes modelos, situaciones y conceptos que, sin duda, potenciarán tu gestión y te ofrecerán muchas herramientas para acompañar con éxito a otros.

A lo largo de ocho capítulos independientes, o "papers", descubrirás que lo expresado por Paul Anwandter ha estado presente en tus sesiones con pacientes y clientes, y en cada uno hallarás claves para entender las estructuras de pensamiento, ahondar en el aprendizaje y actuar. Como indica el autor, será una puerta de entrada hacia profundizar en temas relacionados con la PNL y el coaching.

Gracias, Paul Anwandter, por brindarme la oportunidad de prologar este interesante libro, que viene a ocupar un espacio importante en mi gestión profesional y en la de quienes se desenvuelven en las diferentes Tecnologías del Desarrollo Humano.

Olvin Cáceres Bell

Santiago de Chile, 30 de mayo del 2021

INTRODUCCIÓN

Un día, conversando en un café con mi querido amigo Olvin Cáceres Bell, este me comenta que, en su opinión, existe poco material "nuevo" relacionado con Programación Neurolingüística (PNL) y que los y las estudiantes de Academia Inpact y de HCN World deben recurrir a textos más antiguos, aparte de los manuales y el material didáctico que entregamos en estos cursos. Acto seguido, me preguntó por qué nunca había escrito textos de PNL.

Para sorpresa mía, y con esta toma de consciencia, me di cuenta de que si bien gran parte de lo que he escrito está relacionado con la disciplina –incluso mi libro *Cómo conseguir lo que quiero o cuentos de Niños para Adultos* es un libro donde empleé PNL para extraer catorce modelos de autoayuda basados en la sabiduría de los niños, junto con los cuentos que salen de sus relatos– nunca había publicado algo sobre PNL y sus bases.

Con esa información pude revisar y luego constatar que sí existen cosas muy nuevas, sin embargo, la PNL ha tomado tantas direcciones distintas que muchas veces ella no se destaca por sí misma, aun cuando sea la esencia o bencina que mueve otras propuestas.

Entonces, con el propósito de ayudar a los estudiantes de PNL –y no solo de HCN World y de la Academia Inpact– decidí tomar "el mandato" de Olvin, considerando ocho temas distintos que tratamos en los cursos de Practitioner y de Master Practitioner en PNL, desarrollarlos y profundizar en la articulación de sus significados y alcances en un formato de "papers".

Estos temas son:

- La pérdida (duelos)
- Los juicios
- La estructura profunda
- La flexibilidad
- Las Anclas
- Competencia y capacidad
- Cambios de segundo orden
- Ecología

Espero que esta información sea de ayuda y utilidad para sus estudios en Programación Neurolingüística, y un incentivo para que usted pueda seguir indagando en cada uno de los temas que aprenderá durante los cursos de Practitioner y Master Practioner.

Paul Anwandter

Santiago de Chile, 8 de Marzo del 2021

1.

LA PENA POR EL DUELO

Lo que no tenemos y tenemos

Para la gran mayoría de nosotros, cuando vivimos ciertas experiencias llegamos a creer que nos pertenecen, y pasan a ser parte de nuestra memoria, incluyendo aquellos elementos que constituyen el contexto y la experiencia misma. Entonces, si alguien va caminando por una ciudad, los árboles, las calles, las casas, y las personas que ve en su trayecto, conforman el contenido que ingresa inicialmente a la memoria temprana y que luego pasa a la memoria de largo plazo.

Cabe señalar que la memoria de largo plazo puede sufrir "modulaciones", ya sea por la inclusión de nuevos elementos pertenecientes a la situación específica y otros que no estaban presentes anteriormente, o por creencias nuevas o antiguas que dejan de existir y son reemplazadas. Por ende, la memoria de largo plazo podría sufrir transformaciones en relación al registro y sentido de pertenencia de los elementos ahí constituidos.

Si revisamos las relaciones que tenemos con otras personas, con frecuencia decimos y escuchamos cosas como: "ella es mi mejor amiga" y de hecho, es muy común decir "tengo un amigo que…". En esta expresión acerca de "tener amigos/as", se hace evidente el sentido de pertenencia inconsciente en la estructura de lenguaje.

Igualmente podríamos extender esta idea cuando se dice "tengo dos hijos", "tengo un/a esposo/esposa", "tengo dos abuelos", "todavía tengo vivos a mis padres" o "ya no tengo vivos a mis padres", "tengo un buen trabajo", "tengo una casa", etc. Y lo decimos de ese modo, aun cuando podríamos decir "trabajo en XY", o "me importa ese trabajo y no quiero perderlo" (por lo tanto, lo tengo).

Dentro de esa perspectiva, podría afirmar que para la persona existe una escala de valores con ciertas reglas de selección, que funcionará de forma inconsciente en aquellas cosas que tiene, dándoles un rango de prioridad e importancia en la estructura de su vida. Por ejemplo, tener una casa es más importante que tener un libro, y perder un familiar querido podría ser más importante que tener o no tener una casa. Probablemente usted debe haber escuchado la frase "daría todo lo que tengo para tenerlo/la de vuelta". Sin duda, esta escala de valores es totalmente subjetiva.

Así mismo podríamos considerar una cierta predicción de lo que ocurre, dependiendo de la cultura donde se encuentra la persona. En efecto, muchas personas en situaciones de crisis no vacilarían en la decisión de vender su casa para obtener dinero con el objeto de salvar la vida de un familiar querido, y así pagar el alto costo del tratamiento médico, pues comparan el valor pecuniario de la casa con el valor afectivo del amor que sienten por su ser querido. Por supuesto, en este caso me limito a América Latina, donde la situación de salud no está resuelta y abundan ejemplos como este.

Algunas personas jugamos con los niños a decirles: "¿y de quién es este juguete?", y el niño o la niña contesta: "¡Es mío!", y los adultos se ríen de la respuesta. Usted se puede imaginar que una vez establecido y "anclado" ese mecanismo de posesión o pertenencia desde la infancia (que por supuesto después es negado de forma sistemática durante gran parte de la vida), frente a la muerte o pérdida de alguien, frente a una separación, la pérdida del trabajo o de afectos, existirá una consecuencia psicológica. La consecuencia manifiesta, debido a la ausencia de lo que ya no hay o "no se tiene", o la pérdida en sí, se expresa muchas veces por medio de una profunda emoción de dolor.

Los modelos que difieren y se asemejan

Hay varios modelos que abordan las etapas de desarrollo de un proceso de duelo en relación a seres queridos. Por ejemplo:

1. El modelo de Parkes y Bowlby de "Las cuatro fases" considera las siguientes fases emocionales:

1.1. *Shock y entumecimiento*: se da de forma inmediata con la pérdida del ser querido. Actúa como un mecanismo de defensa.

1.2. *Anhelo y búsqueda*: surgen distintos tipos de emociones, tales como rabia, tristeza, confusión, así como el deseo de que regrese la persona que ya no está, y la búsqueda de un significado por su pérdida.

1.3. *Desorganización y desesperación*: se empieza a aceptar la pérdida, pero se siente la necesidad de hacer cosas diferentes debido a este cambio definitivo. Pueden surgir sentimientos de desesperanza, desesperación e impotencia.

1.4. *Reorganización y recuperación*: se comienza a entender que la vida cambió y la persona empieza a aceptar su realidad presente. Esta etapa es relativamente larga y depende de cada persona.

2. El modelo de pérdida/adaptación de Horowitz considera algunas etapas de pérdida de forma general, pero que pueden ocurrir en distintas formas:

2.1. *El grito*: al tener conocimiento de la pérdida, la persona puede gritar, llorar, perder el control y mostrar mucha rabia, o puede internalizar ese mismo estado y mantenerlo sin expresión ni comunicación externa.

2.2. *Negación e intrusión*: una vez terminada la fase del grito, la persona entra en una etapa de negación sobre el suceso y se empieza a alternar con la evasión en otras actividades para rehuir de pensar en la pérdida.

2.3. *Procesando*: debido al transcurso del tiempo, la persona se va adaptando a la pérdida en las distintas áreas de su vida, teniendo que reconstituir poco a poco lo que había, ahora de una nueva manera.

2.4. *Terminación*: el proceso de adaptación se empieza a dar por concluido, la persona mantiene la memoria de lo que existía, y reestructura de alguna forma cómo sigue su propia vida.

3. El modelo de Therese Rando, denominado por ella de las 6 R's, también es un buen ejemplo de cómo las personas pueden desarrollar un proceso de duelo en seis momentos:

3.1. *Reconocer la pérdida*: la persona toma conocimiento de la pérdida y comprende lo sucedido.

3.2. *Reaccionar*: existe una reacción emocional en función de la pérdida ocurrida.

3.3. *Recordar y volver a experimentar*: se recuerda la relación perdida y situaciones compartidas que fueron y que ya no serán más.

3.4. *Renunciar*: en esta etapa la persona empieza a darse cuenta de que lo perdido no volverá y percibe que todo ha cambiado debido a eso, aceptando la nueva realidad.

3.5. *Reajuste*: se inicia el viaje de retorno a la vida cotidiana y la pérdida se empieza a sentir con otra intensidad debido a las actividades que se deben realizar.

3.6. *Reinvertir*: en esta etapa, la persona se reinserta en el mundo, estableciendo nuevos vínculos, aceptando lo ocurrido, y superando aquello que lo mantenía en un estado de pena y sufrimiento.

4. El modelo de Elizabeth Kübler-Ross presenta cinco etapas:

4.1. *Negación*: lo primero que vive la persona debido a una pérdida es la negación del hecho, evasión de la situación, shock y miedo por lo que significa la pérdida.

4.2. *Enojo*: en esta etapa la persona vive frustración e impotencia al no poder hacer nada al respecto, y siente ansiedad por lo que viene, irritación por la situación, o por temas que han quedado sin resolver.

4.3. *Negociación*: como consecuencia de la etapa anterior, la persona sigue luchando para estar bien y busca a otras personas con las cuales compartir y conversar parte de su historia y de lo que le pasa.

4.4. *Depresión*: en innumerables situaciones la persona se siente sobrepasada, sin esperanzas, incapaz de manejar lo que está viviendo, y desde ese estado presenta irritabilidad y hostilidad frente a otros que quieren ayudarla, donde su mejor alternativa es evadir o alejarse.

4.5. *Aceptación*: la persona empieza la aceptación, desarrolla nuevos planes y busca opciones para estar mejor.

Una mirada general desde nuestros modelos

Los modelos mencionados anteriormente son distintos, sin embargo tienen mucho de un "sentido común" que los conecta. Los autores de cada uno de ellos aclaran que son modelos genéricos y que las etapas pueden darse en tiempos distintos.

En términos prácticos (y por supuesto muy intelectuales), el dolor podría ser considerado como parte natural del proceso de sanación y desde ahí se entiende que "es sanador" permitir que las emociones se expresen y no sean contenidas por la persona que ha sufrido la pérdida.

En algunas ocasiones la pena puede gatillar y catalizar angustia en un alto nivel, que podría agravar la situación, generando problemas a la persona, con consecuencias biológicas tales como dificultades para dormir, dolencias, tumores, cáncer, entre otras.

Es importante mencionar que no todas las pérdidas de personas cercanas producen una sensación de dolor o tristeza, también pueden surgir otras emociones tales como rabia, alivio, remordimiento, o culpa. Así, algunas personas tendrán recuerdos visuales o auditivos de lo que han perdido con una fuerte connotación negativa, debido a experiencias complejas o traumáticas relacionadas a dicha persona, tales como abusos físicos y/o psicológicos. Sin duda existirá la sensación de pérdida, pero también una respuesta de liberación respecto de aquellas experiencias difíciles o dolorosas que llegan a su fin. En la medida que la pérdida se haya dado asociada a sensaciones de este tipo, pueden surgir elementos adicionales que debieran considerarse en el proceso de adaptación.

Para todos estos casos de pérdida y duelo, con o sin experiencias traumáticas de por medio, la hipnosis, la PNL, y el coaching, pueden ofrecer una gran ayuda.

El aporte de nuevas miradas desde la hipnosis, la PNL y el coaching

Bajo la mirada de la hipnosis, el dolor relacionado con una pérdida ocurre de acuerdo a las claves simbólicas propias del individuo que ha vivido la experiencia y cómo estas gatillan y controlan las emociones.

Estas claves simbólicas conllevan significados que deben ser tratados durante el proceso por medio de reencuadres, reestructuración emocional por vía de siembras, y también empleando los beneficios que aporta el trance para integrar los procesos conscientes e inconscientes, de modo que el "soltar" emociones contenidas y que le impiden a la persona retomar la vida normal sea una posibilidad que empiece a ocurrir en el tiempo adecuado para ella.

Si fuéramos a emplear técnicas de PNL para abordar experiencias de duelo –teniendo presentes los modelos mencionados más arriba– podríamos considerar un trabajo con submodalidades, metaprogramas, vinculados a un trabajo de creencias. También el Código Nuevo sería de mucha utilidad, así como establecer anclas que ayuden a contrarrestar momentos que resulten muy difíciles para la persona.

Además, será importante pedirle a la persona que busque en su mente cómo le gustaría estar dentro de un tiempo más, para que así tenga una imagen de su futuro y el trabajo con el/la terapeuta se oriente hacia esa dirección. Todo este proceso requiere de la detección de las representaciones lingüísticas de la persona y de sus claves de acceso oculares, para así poder modificar las imágenes asociadas a la experiencia.

En variadas ocasiones, la mayor dificultad consistirá en lograr reconectar a la persona con su nueva vida, pues la emoción del dolor la lleva a mantenerse en un estado donde solamente cuenta con la certeza de lo que fue, y de aquello que ya no será más. Para ello es importante ayudarla a establecer una disociación "Visual-Auditiva-Kinestésica" en relación a las imágenes de aquello que la aqueja y le provoca sufrimiento, pues esto le permitirá atenuar emociones, ganar una perspectiva diferente y volver a reconectarse con su presente y futuro.

En los cursos que suelo dar siempre hago hincapié en que coaching no es terapia, y sin embargo puede tener efectos terapéuticos, aun cuando no se busque ese objetivo. En los EEUU, por ejemplo, existe la modalidad de "Grief Coaching" para aquellas personas que tienen un marco de control sobre sus emociones y buscan reestructurar sus vidas, en términos de nuevas metas, objetivos, relaciones, y volver a considerar su reinserción en el día a día con una nueva estructura personal. Sin embargo, me parece que el coaching no siempre permite trabajar este acompañamiento, pues podría darse una alta probabilidad de que la persona no tenga demasiado control emocional sobre lo que le pasa y, por ende, al no lograr hacerse responsable, el trabajo sería más apropiado para terapias.

No obstante, considerando que las terapias irán por un lado y el coaching por otro, es posible conciliar de forma óptima y separadamente ambos trabajos. En este caso, mi recomendación es que el coach se limite a hacer coaching, independiente de que tenga las habilidades para ser terapeuta. Si la persona insiste en hacer el trabajo con un terapeuta, que también tiene competencias de coach, entonces recomiendo que se separen las sesiones de terapia y coaching en diferentes instancias. Eso sí, este trabajo podría ser abarcado por un coach experimentado, en la medida que la persona logre reestructurar su cognición y probar distintas estrategias de adaptación.

Entonces, el coaching trabajará, en especial, el grado de consciencia sobre el suceso y el desarrollo del coachee en cuanto a la dialéctica que pueda generar sobre la experiencia, poniendo el acento en que el grado de responsabilidad que pudiera tener solo reside en cómo quiere estructurar para sí mismo lo sucedido y de qué manera quiere vivir aquello que está por venir.

Como usted puede darse cuenta, los modelos de la hipnosis, la PNL y el coaching son excelentes complementos para los modelos descritos en torno al duelo, pues consideran aspectos de los procesos que abarcan un sinfín de nuevas posibilidades, y con ello benefician a las personas para que recuperen o rehagan sus vidas, orientándolas a pensar en soluciones.

2.

NUESTRO JUICIO DE CADA DÍA (¿DE CADA INSTANTE?)

Lo que pensamos sin pensar

Vamos a suponer que un día usted conduce en automóvil hacia su trabajo, en compañía de un/a copiloto, y en algún momento inesperado la luz del semáforo cambia de forma repentina y uno de los automóviles que va por el carril a su derecha se detiene abruptamente. El auto que viene detrás, para no chocar con el que se ha detenido delante, se lanza violenta e intempestivamente en dirección a su auto, a punto de causarle un accidente, y luego ignora la luz roja y mantiene su ruta, mientras usted lo ve desaparecer en la esquina próxima. Entonces le comenta a quien lo acompaña en el auto, lo irresponsable que fue la persona que casi provocó el accidente y comparten opiniones sobre cómo no tuvo consciencia alguna del daño que podría haber causado a terceros y a sí misma.

Siguiendo su trayecto hacia el trabajo, se percata de que los automóviles delante suyo apenas se mueven y… claro, vuelta a clases en Santiago de Chile después de prolongadas vacaciones, inevitablemente… usted se encuentra en un "taco" –una aclaración para los mexicanos: estar en un "taco" no es motivo de alegría, pues así se le llama en Chile a una congestión vehicular o embotellamiento–. Aquí su acompañante se baja del auto.

Usted continúa solo/a el viaje y decide encender la radio. Están emitiendo un programa de dos locutores que comentan un hecho relacionado con la política, en que un diputado se encontró con un grupo de manifestantes, y estos, disconformes con su gestión, le gritaron improperios y lanzaron huevos y tomates, ante lo cual el diputado respondió con agresividad. Según los periodistas, la reacción del diputado fue inadecuada y totalmente fuera de lugar, considerando su posición de congresista, y añaden que se extralimitó y solo demostró su mala educación. Usted opina lo mismo.

Unos minutos después llega a su destino y se estaciona como siempre lo hace. Baja del auto y se encuentra con el portero del edificio. Este lo saluda, preguntándole "¿cómo le va?", y entre risas le dice que será un día muy complicado, pues hay una huelga del transporte público, a lo que usted simplemente responde de forma lacónica, diciéndole "así parece" y deseándole un buen día.

Ahí usted toma el ascensor, luego entra a su oficina saludando a las personas que encuentra en su trayecto, y rápidamente se percata de que un colaborador suyo lo está esperando urgido para preguntarle:

— ¿Qué podemos hacer con el pesado del cliente XYZ? Este, otra vez, y de forma totalmente injustificada, está reclamando, porque dice que los productos del pedido que recibió no son lo que esperaba…

Como usted puede ver, en cada una de las situaciones anteriores, nuestro personaje muestra en su lenguaje una estructura de pensamiento que se denomina "juicio" y que se conecta con la distinción de aquello que se puede hacer, entre lo correcto y lo que no, entre lo que es verdadero y lo que no.

Lo que pensó y no pensó (conscientemente)

Si usted busca en algún diccionario, podrá encontrar definiciones sobre la palabra 'juicio', similares a las que siguen, donde se dice que es:

1. Facultad del entendimiento, por cuya virtud el hombre puede distinguir el bien del mal y lo verdadero de lo falso.

2. Opinión razonada que alguien se forma sobre una persona o una cosa: no debes hacer juicios sobre nadie sin conocerlo; a mi juicio, no debemos hacerlo.

3. Juicio de valor. Juicio en el que se atribuye un valor de manera subjetiva.

4. Facultad de las personas para actuar con sensatez, prudencia o acierto: no tener juicio; persona de mucho juicio. SINÓNIMO sabiduría.

5. Salud mental: estar en su sano juicio; perder el juicio.

6. Proceso legal celebrado ante un juez o tribunal, que resuelve un asunto y dicta sentencia sobre él: ir a juicio; declarar en un juicio; perder el juicio.

Si revisamos ahora el concepto de 'juicio' en conjunto con los ejemplos anteriores y exploramos ciertas posibilidades que pudieran haber sucedido, pero que no estaban dentro del relato de nuestro personaje, podríamos proyectar que:

- En el ejemplo del "automovilista imprudente", este hizo la maniobra que casi provoca un accidente, pues necesitaba dirigirse rápidamente a una clínica, o a un lugar específico, debido a alguna materia de vida o muerte, por ejemplo, porque su hijo sufrió una fuerte caída y le era imperioso llegar pronto para acompañarlo y conocer su estado de gravedad.

- En la situación del diputado, tal vez este haya estado recibiendo amenazas de muerte, sometido a circunstancias muy estresantes. Por todo ello y bajo la presión de una nueva agresión, viéndose totalmente intimidado y temiendo por su integridad física, se desbordó emocionalmente y reaccionó de esa manera.

- En relación a la huelga del transporte público, usted, sin decir mucho, emitió un juicio al no empatizar y minimizar el comentario del portero del edificio, principalmente porque para usted no significa una complicación, ya que tiene su propio automóvil, a diferencia del portero, quien viaja a diario en locomoción colectiva.

- Para la situación del cliente "pesado" que reclama "injustificadamente" por la entrega de sus productos, sucede que su colaborador percibe lo que ocurre desde su propia perspectiva, pero no desde la perspectiva de su cliente. Su reacción podría deberse a que los errores en la entrega le causaron serios trastornos y consecuencias. Entonces, como siente impotencia al no lograr remediarlo, y percibe que no tiene muchas alternativas (quizá la próxima vez buscará otro proveedor), su manera de hacer notar su molestia y malestar está lejos de ser amable.

En cada una de estas situaciones, si usted estuviera en la otra posición, probablemente habría hecho algo similar. Además, si supiera más del contexto, su juicio sobre lo ocurrido sería diferente. Y, efectivamente, ahora que observamos más detalles en torno a cada escena, opinamos de una manera distinta.

Como puede percatarse a partir de los ejemplos anteriores, existen "los juicios", que muchas veces se hacen sin tener la totalidad del contexto. La cantidad de información que se emplea para la construcción del juicio es siempre relativa, subjetiva y contexto-dependiente. Así, con la información parcial que se posee, se generan juicios que pasan a ser consideradas verdades.

La PNL, el lenguaje y los juicios

Bajo la mirada del modelo de la Programación Neurolingüística, un juicio es una evaluación de experiencias de vida, de situaciones, sucesos y eventos que tenemos previamente definidos por creencias y valores.

Como consecuencia de lo anterior, en la mente se generan reglas y criterios que impulsan a establecer un orden –consciente o inconscientemente– que permiten sacar conclusiones y evaluaciones. Este orden, por lo general, se constituye en la forma de una estructura de árbol lógico, y contiene jerarquías y paralelismos de las variables que se han considerado.

Muchas veces, como vimos en los ejemplos anteriores, los juicios se establecen con una cantidad inadecuada de información, provocando que la persona llegue de forma muy fácil a conclusiones equivocadas.

Los juicios suelen ser afirmaciones que traducen de manera inmediata que se está evaluando a través de una comparación, pero no necesariamente muestran con qué se está comparando. Por ejemplo:

- Él no es tan bueno para jugar cartas.
- Ella es una excelente escritora.
- El almuerzo está delicioso.

De igual modo, la persona que emite el juicio podría transparentar la comparación, diciendo algo como:

- Me parece que el Prekinder Azul no es tan bueno como el Prekinder Amarillo.
- Juan es mucho más astuto que Pedro.

En los casos anteriores se muestra la referencia, pero no se entrega la información o argumentación acerca de cómo la persona llega a concluir las comparaciones para emitir el juicio. Lo más probable es que tenga ciertas evidencias o experiencias de vida donde ha podido constatar lo que dice, y esa constatación conlleva una simplificación de proceso o generalización, pues hay un "siempre" implícito.

A partir de esto podemos interesarnos en entender qué es un criterio. Según la RAE, tendríamos que es:

1. m. Norma para conocer la verdad.

2. m. Juicio o discernimiento.

Claramente no podemos usar la palabra "juicio", pues en términos de "árbol lógico" de clasificación, no podríamos decir que un juicio emplea juicios, pero sí es fácilmente aceptable que los juicios emplean "normas" para discernir y acercarse a la verdad (algunos incluso dirían "conocer la verdad").

Es muy importante entender que, a consecuencia de los juicios, podemos "modificar" ciertas conductas y comportamientos cuando los calificamos con adjetivos. Los adjetivos, por su parte, no necesariamente son lógicos, en el sentido de lo objetivo y subjetivo, como por ejemplo:

- Un amigo le dice a usted: "Luis es un tipo súper pesado".

- Y usted le responde: "No es pesado. Para mí, él es muy frontal, y tiene el hábito de decir las cosas tal como las piensa, y por eso a veces cae mal".

En términos de valores, su amigo le da más importancia a la forma y manejo de contexto, en cuanto que para usted vale más la honestidad y la franqueza, independiente de que Luis estuviera en lo correcto o no.

Por lo tanto, generalmente se requiere bastante más información para acercarse a la emoción de un juicio acertado, que simplemente un par de experiencias o eventos.

Juicios, comunicación, significados, comportamientos y propósitos

Cuando alguien debe tomar decisiones, necesita, consciente e inconscientemente, hacer un juicio comparativo de todas las variables que tiene en ese momento. Por lo tanto, una de las funciones importantes que podríamos atribuir a los juicios es la acertada toma de decisiones.

Parte de lo que incluye que una decisión sea "una buena decisión" es que pueda abarcar el máximo de variables, en conjunto con sus posibles relaciones sistémicas en el tiempo, pues no necesariamente una buena decisión de hoy puede ser validada como una buena decisión para el futuro.

Para abarcar más posibilidades, también se puede extender la selección de criterios que podamos tener en mente. Por ejemplo, supongamos que usted quiera comprarse un automóvil, y lo que le importa no es solo su propiedad emergente –el automóvil le facilita transportarse de una parte a otra– sino que en la compra también valora aspectos como:

- El precio
- La cantidad de pasajeros que pueda transportar
- La seguridad
- El confort

Por lo tanto, en base a los valores anteriores, podría verificar los criterios que ha elegido de varios modelos de distintos proveedores y enjuiciar cada uno de ellos, para finalmente decidirse por el modelo X. Este modelo que eligió se encuentra dentro del rango de precios, lleva hasta cinco pasajeros, sigue los estándares europeos de seguridad y, para usted, tiene todo lo que quisiera en cuanto a confort.

Sin embargo, pasado un tiempo, empieza a detectar que está gastando mucho dinero en bencina, que necesita transportar algunas cosas entre su casa y oficina, y que, como no le caben todas, debe hacer dos o tres viajes por lo menos. Es decir, la buena decisión inicial podría haberse anticipado con la inclusión de nuevos criterios de selección, como la tecnología del motor, junto a la capacidad del maletero y cuánto se reclinan los asientos traseros.

Por supuesto, muchas cosas podrían quedar siempre afuera debido a falta de información en el presente. Sin embargo, mientras más variables se consideren, más juicios comparativos serán necesarios y, por ende, podrá tomarse una mejor decisión.

Tanto en el terreno personal, como en el terreno del mundo de los negocios, un juicio erróneo sobre aquello que se vive –es decir, una conclusión de un razonamiento equivocado– puede causar serios problemas.

Si un general creyera que su enemigo no tiene la fuerza que dice tener, pues todo su sistema de inteligencia niega el poderío bélico de su contrincante, y decide atacarlo sin tomar en cuenta este aspecto, la situación en la batalla podría mostrarle algo totalmente diferente a lo que pensaba, y este error le significará una derrota implacable.

En la PNL encontramos el patrón de lenguaje de Metamodelo denominado "Juicios" que, como generalidad, esconde la voz de quien emite el juicio o desde donde proviene la regla, aun cuando ambos son subjetivos, y que podría ser considerado de sentido común; por ejemplo, al decir "Esto está equivocado".

Si usted se percata, acá no se dice "quién dijo que está equivocado", ni tampoco "cuál es la regla que muestra el equívoco". Por ende, de inmediato se puede preguntar "¿según quién está equivocado esto?", abriendo la posibilidad de que el interlocutor exprese el origen de la emisión de ese juicio. Y también se puede preguntar "¿qué es lo que hace que esto esté equivocado?", explicando la regla que evidencia lo necesario para entender mejor lo que se dijo inicialmente.

Cabe mencionar que "enjuiciar de forma adecuada" no considera que nuestros juicios sean negativos o positivos en sí mismos, sino que incrementa la cantidad de posibilidades de análisis, incluso ganando consciencia sobre nuestros propios "prejuicios existentes". En esta toma de consciencia sobre nuestros "prejuicios", lo ideal es que nos distanciemos de ellos, para poder llevar una mejor ponderación de las variables a considerar.

Una ayuda adicional que nos puede entregar la PNL para enjuiciar de forma efectiva es la disociación de la persona del contexto en que se encuentra, para así lograr un manejo emocional adecuado. Muchas veces, la asociación emocional de la persona con el contexto la hace perder perspectiva sobre las variables implicadas y, por ende, estrechar la cantidad de posibilidades que podría observar y evaluar, teniendo finalmente un resultado adverso a lo que quisiera que pasara. Algunos factores que pueden influir en esa disociación son el ego, la rabia, el orgullo, los celos, etc.

Vivimos en una era donde nuestros procesos mentales son acelerados por vía de imágenes y por la "hiper-información" que recibimos de un sinfín de estímulos permanentes, desde que despertamos hasta que nos vamos a dormir –asumiendo que usted vive en una ciudad y no en el campo–. En consecuencia, estamos entrenados para sacar conclusiones rápidamente, e incluso en ocasiones sin tener mucha información, lo que nos puede llevar a equivocarnos.

Una manera de evitar esto puede realizarse a partir de lo que enseñamos en la Academia Inpact y en HCN World: aprender a escuchar y a hacer preguntas adecuadas para esclarecer el contexto, y así entender a las personas comprendiendo cómo construyen y estructuran sus juicios.

Recordemos además que los juicios, una vez emitidos, cambian nuestra conducta y la conducta de los otros, en función de lo que hemos enunciado. Por lo tanto, al establecer y comunicar un juicio, debemos tener consciencia de los contextos y de la estructura cultural en donde nos encontramos. De hecho, mientras más en detalle evaluemos nuestro contexto, menos errores cometeremos.

Por vía del lenguaje, del trabajo asociado a las creencias, de la comprensión de jerarquías de criterios y valores, de las submodalidades, de los patrones lingüísticos del Metamodelo, y de los metaprogramas, la PNL puede ayudar de forma muy eficiente a que las personas alcancen un estado óptimo para llegar a una toma de decisiones que les sea satisfactoria, y cuidando la ecología de sus entornos.

3.

LA ESTRUCTURA PROFUNDA

Comunicarnos en la vida cotidiana

Para todos quienes tienen interés en las TDH's o Tecnologías de Desarrollo Humano, tales como coaching, PNL, mentoring e hipnosis, quisiera referirme brevemente a la importancia de la llamada "estructura profunda" en el lenguaje. Para desarrollar esto, mencionaré algunas situaciones que quizá hemos vivido, donde seguro sentimos una "cuota" de dificultad para comunicar aquello que deseamos expresar.

Puede que algunas veces creamos que no nos han comprendido bien, a pesar de que para nosotros está clarísimo lo que queríamos transmitir. Por ejemplo, una persona podría decirle a su pareja un cumplido, como: –"Te queda muy bien el color amarillo". Y esta responderle con una pregunta: –"¿Acaso no te gusta como me visto? Porque casi toda mi ropa es de color verde…"

En otras ocasiones nos puede pasar que queremos expresar algo y no logramos hallar en nuestra mente la palabra precisa que nos gustaría usar, e incluso, medio compungidos, podríamos llegar a confesarle a nuestro interlocutor: "No tengo palabras para decir lo que quiero", pues en ese momento nos encontramos invadidos por sensaciones y emociones y surge un vacío o confusión que nos impide comunicarnos como quisiéramos.

En otro momento escuchamos un comentario o nos hacen una pregunta y, por una razón muy propia de cada uno, de nuestra cultura, vivencias, o background, la entendemos o interpretamos de una forma distinta a la intención con que fue comunicada. Esto genera una situación incómoda para nuestro interlocutor, y provoca una discusión entre ambos por la manera como la comprendimos.

En este caso, alguien con la intención de ayudarnos podría decir: "Mira, quiero explicarte lo que hay que hacer de forma simple y precisa, casi como a un niño, para hacerte la vida más fácil" y nosotros lo recibimos como "¿Me estás llamando tonto?"

29

Alguna vez una persona en nuestro trabajo pudo habernos dicho algo que nos pareció bastante evidente o claro, y más tarde empezamos a dudar acerca de si lo entendimos bien, pues nos faltan algunos datos que no logramos ubicar repasando la conversación en nuestra mente. Por ejemplo, nuestro jefe podría decirnos: "Una vez que tenga listo el informe, me lo manda, ¿ok? Sin importar que esté completo".

Cuando nuestro jefe nos lo dijo, pareció que habíamos entendido muy bien el mensaje, pero durante el fin de semana, no nos atrevemos a llamarlo para preguntarle qué es lo que realmente quiso decir y nos empezamos a cuestionar: "Pero si no está completo, ¿cómo estará listo?" y después "¿Qué significará "listo" para él si está incompleto?" Por lo tanto, descubrimos que deberíamos haber averiguado más para poder sacar una conclusión al respecto.

En situaciones donde existe una alta dosis de emoción en la comunicación se hace muy evidente esa falta de precisión en el lenguaje, como por ejemplo con la frase "te amo". Esta puede generar dudas tales como "¿Realmente me ama?" Pues también hemos escuchado que dice "Amo a mi perro". Entonces, "¿Será que me ama de forma "real"? Y si existiera un "amorómetro", ¿quién ganaría? ¿El can o yo?" (Mejor no hacerse ese tipo de preguntas, por si acaso). Y más preguntas: "¿Cómo sabe que me ama? ¿Qué implica que me ame? ¿También tiene otros amores similares?" En efecto, esas dos palabras pueden generar un sinfín de condiciones e interpretaciones.

Por su parte, las expresiones "la comida ya está sobre la mesa" o "sobre la mesa ya está la comida" tienen un orden diferente, pero igualmente se entiende el significado, que se percibe casi idéntico, como en el ejemplo clásico de "Juan ama a María" y "María es amada por Juan" (por suerte acá no está el perro).

Como podemos darnos cuenta, estamos hablando de distintas estructuras de comunicación, sutilezas del lenguaje, sintaxis, significados e interpretaciones.

Estructura profunda y estructura de superficie

Los términos de estructura profunda y estructura de superficie fueron introducidos por Noam Chomsky en su trabajo acerca de la gramática transformacional. Según Chomsky, la estructura profunda es aquella parte referida a los sentimientos, abstracciones, ideas y conceptos, y la estructura de superficie o superficial corresponde a las palabras que forman parte de nuestro lenguaje y que empleamos para representar la estructura profunda.

Para nosotros que trabajamos con PNL, hipnosis, coaching y mentoring, la estructura profunda se refiere a ese componente del lenguaje que se conecta con nuestra mente inconsciente y con las emociones, y que muchas veces nos dificulta entender lo que se dice o lo que queremos comunicar (como en los ejemplos que describí en las páginas anteriores), e incluso el comprendernos mejor a nosotros mismos.

Las experiencias que vivimos contienen enormes cantidades de datos y puede resultar abrumador captar y "etiquetar" la totalidad de estas, independientemente de que pasen a ser parte de nuestra mente de manera inconsciente y hayan sido "registradas" de forma total por nuestro cerebro.

Como consecuencia de lo anterior, nuestra mente solo registra (es decir, etiqueta con palabras) algunas partes de la experiencia. Estas partes son aquellas que consideramos más relevantes y significativas, lo que se produce a través del fenómeno llamado eliminación, que excluye parte del "etiquetado" de la experiencia para comunicarla de manera parcial.

Para ejemplificar lo anterior, supongamos que fuéramos a describir la experiencia de ir desde nuestra habitación hasta la salida de la casa. Tendríamos que detallar todo aquello que nuestros ojos están viendo, incluyendo los movimientos de pies, de brazos, nuestra respiración, la velocidad de nuestro cuerpo, eventuales detenciones con cada movimiento, qué pensamos, qué no pensamos y qué sentimos, entre otras cosas. Como podemos percibir, sería bastante complejo hacerlo (¡y escucharlo!) y, por eso, si se trata de un día común y corriente, simplemente decimos "salí de mi habitación y luego de mi casa".

Distinto sería si en la misma experiencia cotidiana anterior, algo inusual sucediera, tal como un pequeño accidente doméstico, donde en este caso la narrativa podría ser:

> "Salí de mi habitación y en ese mismo momento me resbalé debido a que la alfombra que está justo afuera tenía levantada una punta y se me enredó en uno de mis zapatos. Me caí de lado, en una posición tan extraña que me rompí la rodilla, y sentí muchísimo dolor. Después de ese accidente, tuve que cambiarme de ropa y salí de mi casa para ir a la clínica a verificar si estaba todo bien conmigo".

Con los ejemplos anteriores podríamos también decir que la estructura profunda es lo que realmente a la persona le gustaría comunicar, y que debido a las eliminaciones que se van dando de forma natural, esa comunicación es transmitida en lo que se llama estructura de superficie, constituida por medio de frases, palabras, etcétera.

En términos de lo que enseñamos en la Academia Inpact, se hace sumamente importante la distinción acerca de qué es la estructura profunda y cómo se relaciona con los significados, pues estos se conectan, por lo general, con información que está oculta para el emisor o receptor del mensaje en las palabras, frases y oraciones que componen la estructura de superficie.

Si recordamos aquella célebre frase de Sigmund Freud: "Terapia es hacer consciente aquello que reside en el subconsciente", podemos relacionarla directamente con lo que hacemos en nuestros cursos. La importancia de ello se hace evidente para nuestros estudiantes de PNL, hipnosis, coaching y mentoring profesional, pues en la medida que se ayude a decodificar aquello que está en la estructura profunda y se logre recuperar parte de la comunicación perdida debido a las eliminaciones, existirá una mejor comprensión de la realidad que es construida, de los significados entregados, y de la interpretación que nos dan nuestros clientes e interlocutores.

Eliminación, distorsión y generalización

En esta explicación simplificada que he ido entregando acerca del modelo chomskyano, resulta necesario mostrar que ambas estructuras son parte de un mismo sistema de comunicación. La estructura de superficie traduce en esencia la estructura profunda y la estructura profunda establece la comunicación por vía de la estructura de superficie.

Esta interconexión sistémica de ambas estructuras genera un camino entre la estructura profunda y la de superficie, en el que se constituyen árboles de derivaciones que son dados como alternativas por la estructura profunda, en la medida que la información "acontextual" o que no está sujeta al contexto, empieza a tener posibilidades de transformaciones por distintos cambios de contexto.

Por ejemplo, supongamos que un niño le cuente a sus padres o apoderados que hoy en el colegio le pidieron que se presentara frente a toda la clase para una pequeña evaluación oral y que, debido a la situación, se puso muy nervioso y no recordó nada de la materia. En un primer instante nos percatamos de que en este relato de "estructura de superficie" hay varios elementos que debemos averiguar, pues tal como se presentan, podríamos concluir que:

- El niño tiene pánico escénico.
- El profesor(a) le tiene mala al niño.
- El niño fue el único en ser llamado adelante.

Por medio de preguntas podremos rápidamente entender mejor la experiencia, recuperando elementos que necesitan más contexto para ganar significados. Así, podríamos hacerle algunas preguntas al niño, tales como:

- ¿Sabías la materia?
- ¿Habías estudiado?
- ¿Llamaron a otros alumnos?
- Si llamaron a otros alumnos, ¿cómo les fue a ellos?
- ¿Cuál era la expectativa del profesor frente a esta evaluación?
- ¿Te pones nervioso cuando hablas frente a otras personas?
- ¿Has hecho otras veces algo similar y te ha ido bien?

Adicionalmente a lo que llamamos "eliminación", hay otros dos elementos que están presentes en el lenguaje; estos son la "distorsión" y la "generalización".

La distorsión del lenguaje, por un lado, incrementa las posibilidades de significados y genera nuevos símbolos y, por otro lado, pone ciertas dificultades adicionales en el proceso de comprensión e interpretación de lo que es transmitido y decodificado.

Todos los idiomas tienen de alguna forma sus claves propias de distorsiones que pueden reflejar ciertas analogías, metáforas, comparaciones directas o indirectas. En el idioma castellano, y particularmente en Chile, se emplea mucho el "animalismo" como una manera coloquial y rápida de comunicarnos. Por ejemplo, alguien podría decir:

- Fui a la fiesta, y a pesar de que era un gallinero, igual lo pasé caballo, pues comí como chancho.

En esta frase, el significado que se transmite es que la persona fue a la fiesta, donde había bastante desorden, aunque no queda claro qué tipo de desorden, tal vez en relación a los invitados que eran heterogéneos o a la organización de la fiesta, y pasó un momento muy divertido porque se alimentó de forma excesiva.

Podemos darnos cuenta de la extensión de este fragmento explicativo versus el de la expresión inicial y constatar que el primero es mucho más breve, conciso y económico en palabras. Sin embargo, este emplea un simbolismo que requiere una comprensión cultural propia del contexto, y que no necesariamente puede ser traducido de manera literal y lineal a otros idiomas.

Las generalizaciones, por su parte, son de mucha ayuda para la transmisión de ideas, pues evitan tener que puntualizar situaciones de excepción, y echar mano a lo que Sócrates llamaba el "sentido común".

Acá se trata de frases como:

1. Todos los chilenos son… (¡puede completar acá y sentirse feliz!)

2. Los hombres siempre hacen…

3. Las personas que egresan de esa Escuela/Universidad son unas presumidas (está implícito el "todas").

Lo cierto es que existe un sentido de lo "general" que nos ayuda mucho a expresar ideas "generalizadas", pero también es cierto que existe lo "particular".

En nuestro trabajo de desarrollo humano, resulta muy importante tener presente cuándo es posible generalizar y cuándo debemos particularizar, pues no hacer esta distinción podría ser motivo de prejuicios o creencias que llevan a las personas a establecer limitaciones inconscientes, impidiendo su desarrollo en el día a día.

Las generalizaciones pueden ser causantes de muchas ideas racistas, homofóbicas, machistas, de intolerancia religiosa, entre otras discriminaciones. Típicamente se establece una creencia que posteriormente se expande y generaliza, impidiendo que la persona pueda relativizar y razonar sobre su misma estructura argumentativa.

Como nos podemos percatar, hacer preguntas a lo que hemos escuchado como estructura de superficie, independiente de las respuestas que vengan, ayudará a que la experiencia inicial de la persona se enriquezca, pues las preguntas le permitirán obtener datos para hacer nuevas conexiones y así interpretar mejor la experiencia y, por supuesto, tomar mejores decisiones.

Con los ejemplos anteriores podríamos llegar a suponer que la comprensión de una frase se da prácticamente, y de manera exclusiva, al poder identificar la estructura profunda de una comunicación. Sin embargo, en el mundo de PNL, coaching, hipnosis y mentoring profesional, la estructura de superficie viene a enriquecer las posibilidades simbólicas de aquello que reside en la estructura profunda.

Por ejemplo, si un cliente nos dice lo siguiente: "Desde pequeño siempre me ha costado mucho relacionarme de forma óptima con otras personas y tener amigos. Me gustaría saber cómo cambiar eso y lograr hacer amigos". Claramente debemos percatarnos de que estas frases incluyen muchas posibilidades y, por lo tanto, como lo hemos visto, deberemos hacer varias preguntas para que sea posible aproximarnos a lo que realmente se quiere decir.

El Metamodelo

John Grinder y Richard Bandler, basándose en el trabajo de Noam Chomsky, desarrollaron lo que llamaron el Metamodelo de la Programación Neurolingüística, que ayuda a establecer un conjunto de preguntas para ganar una mejor comprensión de la estructura de superficie, así como favorece que el cliente conecte esa información con su propia estructura profunda, pudiendo interpretar mejor su propia realidad.

Por lo tanto, podríamos decir que el Metamodelo de los profesores Grinder y Bandler viene a facilitar la reconstrucción de los "mapas mentales" de la realidad de las personas donde, por medio de preguntas, cuestionan su cognición en relación a la experiencia relatada y transmitida como mensaje.

Es importante también señalar que dentro del trabajo e influencias que permitieron el desarrollo del Metamodelo, aparte del trabajo de Noam Chomsky, se encuentra el trabajo de Alfred Korzybski, basado especialmente en su libro *Semántica General*, donde el autor hace una correlación de los hábitos mentales, conductas y biología con los mismos significados entregados en la comunicación por vía del lenguaje.

Como ejemplo, si una persona dice: "esto que me dices es malo para mí y me cae pésimo; me duele el estómago de solo pensarlo", según Korzybski existiría una alta probabilidad de que esta persona conecte experiencias negativas con problemas estomacales.

El Metamodelo viene entonces a proponer que nuestros estados internos (por medio de nuestras estructuras profundas) son comunicadas a través de palabras en estructuras gramaticales (estructura de superficie) que son propias de contextos y culturas, y que en la estructura de superficie existe siempre (¡una generalización!) un cierto grado de eliminación, distorsión y generalización de la experiencia o idea que quiere ser comunicada.

En términos dialécticos, tal como podemos decir que es responsabilidad del comunicador que su mensaje sea lo más claramente comprendido, también podríamos decir que para la persona que escucha ocurrirá el mismo fenómeno, pues cuando recibe el mensaje, existe la probabilidad de que elimine parte de lo que se dijo, distorsione y generalice la información, pues en su interpretación tendrá que enmarcar el mensaje dentro de su mismo contexto, cultura y construcción de realidad.

Adicionalmente, me parece necesario mencionar que varios conjuntos de preguntas que se hacen en el Metamodelo también fueron modelados por Grinder y Bandler desde la influencia de grandes terapeutas, tales como Milton Erickson, padre de la Hipnoterapia contemporánea, de Virginia Satir, quien se dedicaba al trabajo de terapias familiares, y de Fritz Perls, muy conocido por su desarrollo de la Gestalt.

Espero que con este artículo sea más fácil entender la diferencia entre las estructuras profundas y de superficies, así como la necesidad de hacer preguntas, pues por medio de ellas ayudamos a que exista una mejor interpretación de lo que realmente se ha querido decir.

4.

SOY INFLEXIBLE EN MI FLEXIBILIDAD

Vivimos en una estructura social, y por ello estamos condicionados a ciertas reglas, valores y conductas establecidas, que en muchas ocasiones ni siquiera sabemos muy bien por qué seguimos. El concepto "memético" de Richard Dawkins nos lo explica, aunque no nos libera del mandato de cumplir las reglas, seguir los valores y buscar la congruencia de la expectativa social, al establecer conductas acordes con aquella predictibilidad que nos plantea la sociedad donde estamos insertos.

Como consecuencia de lo anterior, enjuiciamos aquello que consideramos fuera de las expectativas y normas, dándole significado a la ausencia o presencia de lo que observamos, siempre de acuerdo al contexto donde nos desarrollamos, pues de cambiar este, las expectativas y significados también cambian. De hecho, en nuestro contexto latinoamericano, estamos muy acostumbrados a creer que ciertas reglas pueden ser flexibilizadas por el otro, solo con el acto de explicar las dificultades que hemos tenido.

Por ejemplo, los problemas de tránsito podrían usarse como excusa ante la falta de puntualidad, ya que en sí mismos solo serían una justificación que amerita comprensión para quien llega atrasado. Además esta persona probablemente considera que su interlocutor debe comprenderla e incluso empatizar con ella, pues si a este le sucediera lo mismo, sin duda también lo entendería, desde lo que podríamos llamar "el principio de la reciprocidad".

En otras culturas, la impuntualidad, a menos que se deba a "causas de fuerza mayor" (terremotos, incendios, inundaciones), no es una justificación válida. Muy por el contrario. Incluso revela que la persona no se preocupó de anticipar eventuales inconvenientes, y se considera una falta de respeto hacia quien la esperaba. Además, hoy en día, los retrasos a causa del tráfico se pueden prever, pues existen herramientas tecnológicas para verificar posibles demoras y buscar rutas alternativas. La persona también podría usar mensajería instantánea para avisar sobre su demora, con el objeto de que se fije una nueva fecha de encuentro, y así evitar la pérdida de tiempo de quien lo espera.

También es muy propio de nuestra cultura latina un aspecto específico del humor, pues en variadas ocasiones nos reímos de ciertas conductas de otras personas. En culturas del Este, tal costumbre no se considera una expresión de cariño o cercanía, sino por el contrario, se la percibe como una burla mal intencionada, emitida para menoscabar o humillar a la persona frente a un cierto colectivo al cual ambos pertenecen.

Así mismo podría aventurarme a decir que si una determinada persona no actúa de acuerdo a nuestras expectativas, quizá cambiaremos nuestras conductas como una respuesta activa a la retroalimentación que obtuvimos. Por ejemplo, al encontrarnos con un colega del trabajo en el pasillo cada mañana esperamos que nos mire a los ojos e intercambiar un breve saludo del tipo "hola, ¿cómo estás?" o simplemente "hola", y así demostrar que estamos en conocimiento de la mutua presencia. Sin embargo, si nos cruzamos con alguien que sigue su camino sin percatarse de este gesto de "cortesía", lo podríamos juzgar como mal educado, desconsiderado o descortés, por decir lo menos.

Ahora, esta persona que ha pasado junto a nosotros podría ser alguien muy distraído, o que rehúye las convenciones sociales, o que no tiene ningún aprecio por nuestra persona, o incluso siente antipatía por nosotros y esa es su forma de expresarlo, o muchas otras posibilidades. Entonces, hablando dentro del marco de las generalidades, existe una alta probabilidad de que cambiemos nuestra conducta en función de la expectativa que nos habíamos hecho, y así en los próximos encuentros de pasillo, replicaremos el gesto de no saludar que aprendimos de nuestro colega, igualando su actuar.

Para el modelo de la PNL, la flexibilidad resulta esencial, pues gracias a ella el practitioner, y sobre todo el master practitioner, deben tener la habilidad de deconstruir el mundo del otro, con la finalidad de acceder adecuadamente a su forma de elaboración de la realidad. Si el practitioner de PNL carece de esa flexibilidad, sus competencias para ser un impulsor de cambios y un comunicador de excelencia se pondrán en riesgo, pues en gran medida este debe escuchar y hacer devoluciones o preguntas que tengan una correlación directa con el modelo de mundo que le presenta su interlocutor.

La dificultad inherente para adquirir flexibilidad reside, por supuesto, en nosotros mismos. Nuestras propias creencias, valores, reglas construyen juicios inconscientes y conscientes, que filtran la información recibida con el color de nuestra estructura y viajan en nuestro interior con un sentido y significados preestablecidos. Por lo tanto, el abstraerse de uno/a mismo/a es un desafío permanente que se hace mucho más presente en nuestro día a día, y no solo en las sesiones, cuando intencionalmente sabemos que debemos tener el "sombrero" de la flexibilidad.

También resulta clave considerar la dificultad de "vivir" los valores de otros, a pesar de que podríamos entenderlos, pero no aceptarlos. Por ejemplo, entender que estar en una guerra es muy complejo y que hay que evitarla a cualquier costo es bastante distinto a haber vivido una y captar el valor real de lo que significa "evitar", desde la percepción misma de la experiencia.

Por ello, comprender desde la razón conlleva la dificultad de que la visión acerca de los valores del otro pueda estar desprovista de la fuerza de la emoción que imprime la experiencia, y que generó tal visión de mundo en el otro.

En gran parte de la historia, al igual que en los días de hoy, podemos encontrar grupos que se atribuyen "la verdad" y "la virtud moral", induciendo, o incluso obligando a otros a seguir determinados principios, eliminando la razón o prohibiendo el cuestionamiento de la subjetividad propia de aquello que deben seguir.

Estos grupos, con el ropaje de "la verdad", en realidad imponen una moral victoriana a todo aquel que ose ir contra sus bases y, desde esa perspectiva, desaparece la flexibilidad para sus seguidores, pues los mismos preceptos van en contra de la dialéctica, al eliminar la posibilidad de encontrar alternativas.

También existen códigos base que son aceptados desde hace miles de años, y que estamos obligados a seguir (díganse las leyes y, por ejemplo, en estos días, el Estado de Derecho) así como ciertas conductas y comportamientos que se hicieron primordiales debido a la necesidad de sustentación de nuestra especie.

Lo interesante de notar sobre lo anterior es que de igual forma esos códigos varían de contexto a contexto, de país a país y de región a región. Por ejemplo, en el mundo financiero, grandes corporaciones toman posiciones de ventaja en los pagos de impuestos, trasladando operaciones de un lugar a otro con el fin de obtener beneficios.

En relación al comportamiento humano podría decir que, de manera similar a las leyes, existen códigos implícitos y explícitos que nos orientan a tener una visión específica de lo que pudiera ocurrir, para que nuestra mirada o actuar adquiera más o menos flexibilidad en función de aceptar esas premisas. Sin embargo, la razón de lo aceptado como regla se vivirá dependiendo de cuán conectada y dependiente sea la persona respecto de la aprobación o desaprobación del juicio ajeno frente a sus acciones.

Para ponerlo en un ejemplo sencillo, supongamos un jefe de familia que se separa y hace todo lo posible para no pagarle la pensión a su exesposa e hijos, pues ahora tiene una nueva pareja y familia a quienes decide priorizar. Como terapeutas, podríamos encontrarnos juzgándolo sin darnos cuenta y con una mirada "inflexible", pues consideramos que lo que hace es bastante reprochable. Sin embargo, nuestra función no es ser jueces, ya que para eso está la ley. Nuestra función es ayudar al cliente a lograr aquello que nos pide.

Si lo que nos pide es que lo ayudemos a burlar la ley, por supuesto que no podremos hacerlo, pues la ley está por encima de su solicitud (¡curiosamente, estamos obligados a ser inflexibles, pues ya aceptamos vivir en sociedad!). No obstante, si nos pide que lo ayudemos a saber qué hacer, no es nuestro deber decirle todo lo que pensamos. Probablemente, alguien ya se lo ha dicho todo, y gratis. Nuestra función consistirá en ser lo suficientemente flexibles como para guardar cualquier juicio o prejuicio y simplemente poner nuestra mente al servicio de quien requiere nuestra ayuda, para que pueda encontrar, dentro de su propia estructura de realidad, soluciones que le sean más ecológicas y le permitan vivir mejor.

Cabe destacar que el modelo de la PNL –que es además un modelo de modelos– se apoya en la "Ley de la Variedad Requerida" para explicar qué es "flexibilidad". De acuerdo a la formulación hecha por R. Ashby como postulado de esa ley, la cantidad de selección apropiada de variables que se puede realizar en un determinado sistema está delimitada por la cantidad de información disponible. Así, para una regulación apropiada de funcionamiento de un sistema, la cantidad de variables que maneja el regulador debe ser igual o mayor que la cantidad de variables en el sistema.

En otras palabras, podríamos decir que la variedad de acciones disponibles para control de un sistema debe ser igual o mayor a la variedad de estados del sistema que son objetos de control. Si existe un incremento de variedad (y variables), la información necesariamente crecerá.

La "Ley de la Variedad Requerida" forma parte de la Teoría de Sistemas y de estudios de Cibernética, y en PNL nos permite entender la necesidad de establecer un grado de "variabilidad" en un determinado sistema, para que este pueda alcanzar un cierto equilibrio con el ambiente donde se encuentra, adaptarse a los eventuales cambios y lograr los estados deseados que se esperan.

Por ejemplo, en una determinada sesión, nuestro cliente podría insistir en que su forma de ver el mundo es la correcta, asumiendo siempre que tiene la razón, y desde esa perspectiva, diremos que los resultados van en función de ese "control". Entonces, podríamos preguntarle si lo que hace lo ayuda a obtener resultados como los que quiere, ya que así le permitiríamos explorar otras alternativas, incluso mejores, y en la medida que tenga más información, podrá flexibilizar su visión de lo que vive.

Como podemos percatarnos, y siguiendo los conceptos de la "Ley de la Variedad Requerida", será esencial un grado de "flexibilidad" en nuestra capacidad de respuesta y debe ser proporcional al cambio que enfrentamos o al desconocimiento que vivimos sobre la predictibilidad de lo que podría ocurrir.

Supongamos que ha existido un problema entre amigos, y uno de ellos, por orgullo, piensa que ya no debe hablar más sobre lo ocurrido. Para el otro, hablar resulta esencial. Como podemos ver, ambas partes están en la postura "yo estoy bien, tú estás mal", lo que se traduce como simple "inflexibilidad".

Nótese que NO estamos entrando en el mérito del contenido de la discordancia, sino limitando el alcance a lo que importa como resultado para este sistema. Si el sistema de los amigos le da valor a la relación, el camino sería que uno de los dos (o ambos) "flexibilizara" su posición, pues en caso contrario, ese sistema relacional puede dejar de existir o quedará dañado.

Una de las presuposiciones de la PNL, que hoy en día podemos encontrar en muchas metodologías, indica que "si haces más de lo mismo, no vas a lograr un resultado diferente". Esto tiene su base en la "Ley de la Variedad Requerida", pues traduce el espíritu de la "flexibilidad" frente a resultados no esperados. Así, propone que el individuo, ante determinada situación, haga algo distinto para tener vías alternativas, con distintas estrategias, y no quede en espera de que el sistema entero cambie debido a su permanente forma de actuar.

Claro que si consideramos la performance y el rendimiento de un sistema específico, cuanto más complejo sea este, más conocimientos (y también reconocimiento) de las variables que inciden se requieren para poder abarcar un mayor ámbito de posibilidades de actuación sobre el mismo sistema.

Como ejemplo práctico, en PNL acostumbramos decir que si alguien solo tiene una alternativa, en realidad no tiene opción, y de mantenerla, lo más probable es que en algún momento una modificación en el sistema le causará inestabilidad en su respuesta y no podrá hacerle frente. Por eso, acá es importante recordar la presuposición de la PNL que señala "si lo que haces no está funcionando, debes hacer algo diferente (para que funcione)".

Ese pensamiento conlleva una lógica que en algunos casos se contrapone a factores psicológicos como orgullo, ambición, envidia, celos, entre otros, que vienen a obstaculizar la flexibilidad, pues no existe la voluntad de hacerlo en la medida que algunas emociones lo impiden. Para esos casos, en PNL se detecta rápidamente que debemos considerar el propósito que hay detrás de esa emoción, o la función del estado presente de la misma. Al averiguarlo, probablemente encontraremos la llave que facilitará a nuestro cliente tomar el camino de la flexibilidad, pues lo que nos entrega como propósito, que sin duda será positivo para sí mismo/a dentro de un cierto contexto, no lo será para el nuevo resultado que busca, ni tampoco ecológico para otras personas que forman parte de su sistema.

Quisiera hacer notar que como fenómeno psicosocial de nuestro siglo XXI, asociado al pensamiento de vanguardia contemporáneo, existen parcelas de la sociedad que asumen la posición de garantes de la ética y la moral, de acuerdo a sus cánones y modelos de mundo, quienes, al encontrarse con personas que no piensan igual, aplican una crítica dura, cubriendo todo con el manto de la inflexibilidad. Esto es muy parecido a lo que sucedía en la época victoriana y también en estados totalitarios, donde el pseudopluralismo solo es válido mientras el resto esté de acuerdo.

Para la PNL, este tipo de situaciones, donde se generan estructuras básicas de creencias válidas hacia otros, son disueltas con variadas técnicas específicas para manejo de creencias y también patrones de Metamodelo (Bandler y Grinder) y de Prestidigitación Lingüística (Robert Dilts). Por ejemplo, en el denominado "Aplicado a sí mismo", se aplica la "regla" o juicio que se manifiesta sobre una persona, al mismo que emite el juicio y creencia, para demostrar que existe un alto grado de incongruencia.

En la RAE, encontramos que el concepto "flexible" se conecta con:

· Que se adapta con facilidad a la opinión, a la voluntad o a la actitud de otro u otros en función del carácter y se dice que esa persona es flexible.

- Que tiene disposición para doblarse fácilmente.
- También se refiere a quien no se sujeta a normas estrictas, a dogmas o a trabas. Ideología, legislación flexible.

En PNL, el concepto de "flexible" nos sirve tanto para conductas y comportamientos como para comunicación y lenguaje, principalmente en lo que se refiere a lo relacional.

Por eso, el concepto de persona "resistente" deja de ser válido, en la medida que quien tiene interés en comunicar debiera ser lo suficientemente flexible (en nuestro caso el que practica PNL) como para detectar cuál pudiera ser la mejor estrategia para modificar aquella "supuesta resistencia". Así, una vez entendida su función, y en base a su misma flexibilidad, podrá acceder a ese modelo de mundo que le era inalcanzable.

También la PNL nos entrega un concepto esencial para detectar la necesidad de flexibilidad en nosotros, lo que requiere mucha humildad de nuestra parte, pues la idea de "resistencia" del otro es presentada como limitación de flexibilidad del yo mismo.

Por ejemplo, si no logramos llevarnos bien con alguien, porque tal persona, según nosotros, tiene algo en nuestra contra, o nos es resistente, el modelo de la PNL nos dice que somos nosotros quienes no queremos flexibilizar algo que el otro está viendo. Por lo tanto, la tarea de modificar la conducta, en la medida que estemos interesados, es trabajo nuestro y no del otro (Patrón del Aplicado a sí mismo).

La historia de la humanidad nos muestra un sinfín de momentos de "inflexibilidad", que han sido causa de muertes, hambrunas y todo tipo de sufrimiento para los pueblos. Así, la flexibilidad es esencial en nuestras vidas, lo que no implica relativizar en todo momento nuestros valores y principios, sino tener claridad, estar alertas y conscientes de lo que ocurre y de las alternativas que se nos presentan y sobre las que podemos decidir.

El modelo de la PNL es de mucha ayuda para facilitar la comprensión de la flexibilidad y mostrar su relevancia, así como prever los resultados sistémicos que pueden emanar de su presencia o ausencia, para que podamos tomar las mejores decisiones con la plena consciencia de lo que estamos haciendo, siendo responsables de nuestros actos sin culpar a terceros por los resultados que obtenemos.

5.
DÓNDE ANCLO MI BARCO

Probablemente usted tiene claro que el uso más genérico de la palabra "ancla" está asociada a una pieza de metal, típicamente de hierro, de gran peso, conformada por una barra inferior torcida en forma de letra "C" (cruz y brazos), con ganchos hacia arriba en sus puntas extremas (uña y mapa), forjada de manera perpendicular a una barra también de hierro (caña), la cual está conectada a una gruesa cadena que va sujeta en la proa de un barco, y a veces también en la popa.

La función del ancla es asegurar la embarcación cuando esta se detiene en un puerto o zona específica. Para ello es necesario lanzarla desde la proa hacia el agua, o hacia un lugar firme, de modo que el barco se mueva solo en función de lo que permite el ancla. Esta acción le entrega estabilidad al barco frente al movimiento de las olas y las mareas, impidiendo que choque contra un muelle o rocas, o que sea arrastrado por las corrientes.

A partir de esta noción han surgido nuevos usos para otros conceptos en distintas disciplinas. Por ejemplo, el concepto de anclaje estructural en el ámbito de la construcción. O también el que motiva este análisis, que relaciona anclas y anclajes con las disciplinas de PNL, mentoring e hipnosis, y se extiende incluso a la comunicación y las conductas que establecemos en el día a día.

Si consideramos el significado de ancla utilizado por Bandler y Grinder, podemos decir que está asociado a los conceptos de mar u océano y de barco. Por lo tanto, podríamos interpretar esta metáfora como si la persona fuera un barco navegando en este mar u océano que es la vida, y cuando se ve enfrentada a las múltiples vicisitudes e imponderables del oleaje, del clima y demás factores marítimos, y necesita "estabilidad", puede obtenerla echando mano a las anclas y al anclaje.

Si llevamos este concepto de anclas al mundo de la PNL, del coaching y de la hipnosis, es claro que Bandler y Grinder se refieren a darle estabilidad a un estado interno de la persona, entregado por algún elemento que gatillará ese cambio de estado.

Seguramente usted conoce una buena cantidad de elementos externos que muchas personas emplean con el propósito de generar cambios de estados, tales como amuletos, rosarios, fotos, o talismanes. Y así como existen estos, también podemos alegrarnos de que tenemos un sinfín de representaciones internas, ya sea en nuestra mente consciente y/o inconsciente, que pueden ser de gran utilidad para cambiar estados.

Me gustaría hacer notar que la idea esencial de las anclas proviene desde las denominadas "Claves post-hipnóticas" que se emplean en Hipnosis Clásica. Estas fueron detectadas en el modelaje que le hicieron Bandler y Grinder a Milton Erickson, padre de la hipnoterapia contemporánea, que las utilizaba como elementos de sugestión post-hipnótica para asegurarse de que funcionaran como un "gatillo que disparara" un nuevo comportamiento. El propósito era retrotraer el trance existente al paciente durante la sesión de hipnosis, para que lo experimentado en la terapia fuese vivido en su propio contexto y así producir el cambio de comportamiento, conducta, o actitud, que era motivo de la consulta.

La diferencia entre las claves post-hipnóticas y las anclas es que las primeras están supeditadas a retrotraer un resultado específico de cambio deseado, que se da durante la sesión de hipnosis, con la finalidad de que este cambio surja, se active y se haga presente en un contexto preciso donde lo requiere el paciente; mientras las anclas, como lo veremos a lo largo de este capítulo, son generalizadas y es posible aplicarlas a muchos contextos para dar estabilidad.

Además, para Bandler y Grinder, las anclas sirven como puntos de referencia para distintos estados internos correlacionados con experiencias de variada índole, sin la necesidad de que exista un estado de trance para que se establezca –aunque tal afirmación no tiene mucho sentido, pues Milton Erickson consideraba que todo estado de una persona correspondía a "trance"–. Así, en la programación neurolingüística un ancla es la asociación interna, hecha por una persona en ciertas situaciones, con elementos externos, como por ejemplo sonidos, imágenes, gustos, aromas, sensaciones, palabras.

Usted debe recordar el condicionamiento de asociación estímulo-respuesta que realizó Iván Pávlov en su conocida experiencia de condicionamiento con perros, en que a la hora de entregarles su comida, hacía sonar una campana. Tiempo después Pávlov constató que los perros habían asociado la campana con el momento de comer, independiente del horario, y presentaban signos fisiológicos de salivación, anticipando la ingesta de comida, tal como reaccionaban cuando realmente empezaban a comer. Bajo la mirada de Pávlov, y según la perspectiva del Conductismo, esta clave de condicionamiento estímulo-respuesta está asociada al contexto y a una conducta específica, no reflexiva, sin permitir la posibilidad de cambiar la conducta bajo el mismo estímulo.

En la PNL, las anclas pueden emplear conexiones distintas a las establecidas como estímulo-respuesta, puesto que cualquier fragmento de la experiencia, no siendo necesariamente contextual, puede ser parte de una nueva respuesta interna. Bajo esa mirada, las personas pueden hacerse conscientes de sus propias anclas y de aquellas que eventualmente desearían tener presentes, por ejemplo, para eventos donde les resulte necesario contar con estabilidad.

Parafraseando a Milton Erickson cuando dice que "Todo es Trance", podríamos decir que para la PNL "Todo son Anclas" y tomar como modelo el que vivimos en un mundo "anclado". Un ejemplo de ello son los aromas que sentimos al caminar por la ciudad.

Supongamos que usted está paseando por una calle y pasa por delante de una panadería en el preciso momento en que se está terminando de hornear el pan, y el aroma se propaga por toda la cuadra. ¿Ya lo siente usted? Lo más probable es que tenga una sensación algo pávloviana y emerja la necesidad de probar ese pan, o simplemente recuerde cómo fue alguna ocasión en que comió uno recién horneado, con quién estuvo, o cómo le gustaría que fuera la próxima vez y con quién quisiera compartirlo en un futuro cercano.

La respuesta de ese aroma (ancla), en relación a qué gatillará, no está definida. Es decir, no sabemos a qué respuesta específica lleva, pues probablemente la persona no tuvo consciencia cuando se estableció. También esa ancla generó un estado interno distinto al que tenía por medio del olfato, tal como podría ser la sensación gatillada por una colonia o un perfume que le recuerde a otra persona.

Una foto de alguna escena de nuestro pasado también podría transportarnos a un estado muy cercano a lo que estamos viviendo en la imagen, entregándonos recursos internos que podemos tener presentes al mirarla. Las anclas, por lo tanto, pueden ser activadas en una persona por medio de nuestros cinco sentidos, que en PNL se resumen como el VAK, en que la letra V representa lo visual, la letra A lo auditivo y la letra K considera las sensaciones táctiles, olfativas y gustativas. Por lo tanto, las anclas pueden ser verbales o no verbales, pueden ser aromas, sabores, texturas, imágenes, sonidos, etc.

Extendiendo el ejercicio de que vivimos en "un mundo que nos tiene anclados", solo recuerde aquella música que sonaba cuando abrazó a una persona querida, o las fotos al reencontrarse con un álbum de algún antiguo viaje que le fue placentero, o lo que le sucede cuando siente el aroma y sabor de su comida preferida cuando alguien la prepara. En todas esas situaciones nuestra neurología logra restablecer una fracción importante del estado interno vivido en el momento de la experiencia, solo con partes y fragmentos de lo experimentado, que son representados parcial y externamente por la persona, con la música, el abrazo, la foto del viaje y la comida.

Lo interesante es que el proceso anterior de anclas, a diferencia de lo que ocurrió con el trabajo de estímulo-respuesta de Pávlov, no se da necesariamente por la repetición, sino por la emoción asociada al VAK en conjunto con el significado entregado (con su correspondiente emoción, por supuesto).

Ciertamente es posible efectuar un condicionamiento "pávloviano" y que por repetición ese proceso de anclaje resulte más efectivo; sin embargo, la repetición no es el elemento esencial en términos de permanencia y efectividad, como sí lo es la asociación de la(s) emoción(es). Bajo esa mirada, estamos hablando de una aplicación muy conectada con la hipnosis.

Sin embargo, ¿cuál sería el problema de usar este concepto de la hipnosis, si Bandler y Grinder definen a priori que hipnosis, y el trabajo específico de Milton Erickson, son parte de los pilares esenciales de la Programación Neurolingüística?

Bajo esta perspectiva, y si combinamos la repetición (más bien usada en Hipnosis Clásica) con la emoción (Hipnosis Ericksoniana) tendríamos que al ayudar a una persona a obtener recursos –como se hace de forma corriente en PNL, coaching e hipnosis– la misma palabra que se emplea en la búsqueda transderivacional de la experiencia podría ser utilizada para el proceso de anclaje.

Las anclas, por ende, pueden servir en diferentes contextos, ya sea en terapia, en aprendizaje y enseñanza, en estudios, en deportes, en negocios, en ventas, en publicidad, para mantener motivados a equipos de trabajo, para cambiar estados internos de otras personas, entre muchos otros usos.

En los casos mencionados anteriormente, las anclas nos permitirán llevar recursos existentes en un contexto funcional, a otro contexto donde una parte de ellos resulta necesario. Esos recursos son tomados por la mente inconsciente de la persona y trasladados a su experiencia en el contexto donde se encuentra.

Por ejemplo, asumamos que una persona sienta mucha tranquilidad cuando escucha música clásica o música barroca. De forma simplista podríamos decir que al poner este tipo de música ya se encuentra en un estado que le facilitará estudiar tranquila y concentradamente, debido a la asociación del estado interno de la experiencia previa llevada y transferida hacia el momento donde es necesario el recurso.

También se usan anclas para recordar elementos o asuntos aprendidos o para evocar situaciones o experiencias que pudieran ayudar a mantener ciertos significados beneficiosos para la persona. Por ejemplo, si una madre se encuentra furiosa con su hijo/a porque no ha sido responsable, podrían activarse anclas que la retrotraigan al momento del parto y nacimiento, cuando ella vio a su hijo/a por primera vez. Lo más probable es que esa emoción de rabia o molestia desaparezca y su estado de furia se modifique.

Es cierto que en PNL se asume que existe un momento óptimo para el anclaje y también es muy común que se empleen anclas kinestésicas, aparte de la voz. En hipnosis, por lo general, las anclas son netamente verbales y no existe un punto de anclaje en especial. También se emplea la repetición de una palabra (Hipnosis Clásica) bajo un aspecto simbólico conectado con emociones para que el ancla tenga efectividad. Y en coaching, las anclas son usadas con el propósito de recordar una acción necesaria y una toma de decisiones que debe hacerse de esa manera para ayudar en los cambios de estados internos emocionales.

Las anclas también se pueden dar de una forma muy natural, y ser activadas inadvertidamente por otra persona, solo por un cambio tonal, un gesto inusual o una palabra, que se conectan con alguna experiencia. Ellas pueden reactivar procesos con la asociación entre distintas experiencias y establecer un foco de conciencia que trae reacciones cognitivas relacionadas al conocimiento y a nuevos estados internos que son más propicios para el contexto donde se encuentra la persona. Así, las anclas en estos nuevos contextos facilitarán nuevos significados y con ello, la transferencia de aprendizajes permitirá nuevas conductas y actitudes.

Pero el establecimiento de algún ancla en especial también puede verse limitado por la existencia de creencias. Resulta que, independiente de la transferencia de aprendizajes y nuevos estados, el procedimiento puede encontrarse con un conjunto de estructuras rígidas o difíciles de saltar, lo que deriva en que la emoción asociada a ese nuevo significado no permita restarle fuerza a esa creencia tan profundamente arraigada.

En muchas ocasiones he leído textos de PNL donde se hace referencia a la importancia del momento preciso en el cual se debe establecer el ancla. Sin embargo, he visto que el momento no necesariamente debe ser "tan preciso", sino más bien debemos entender esto como un momento "oportuno", es decir, que ocurra dentro del lapso de tiempo en que se está dando la evocación de la experiencia.

Una estupenda forma de probar si el ancla ya se encuentra establecida es por vía de la repetición. En la medida que disparamos o activamos el ancla y esta produce el mismo cambio de estado interno en la persona, podemos tener certeza de que ya está operando. Con dos o tres veces que el practicante de PNL ejercite el ancla, se percatará de que el estado interno de la persona se modifica, de lo contrario podría estar ocurriendo que el ancla utilizada no sea la adecuada. En este caso debemos indagar si el ancla se encuentra dentro de las experiencias posibles de usar y, además, verificar que sea el canal indicado (VAK). Para no complicarnos con este eventual problema, recomendaría probar la realización del proceso de anclaje en todos los canales sensoriales simultáneamente.

Supongamos el caso de una persona que quiera ir al dentista y sentirse más tranquila que lo normal. Para eso el practicante de PNL puede usar anclas como una manera de incluirle recursos que la tranquilicen y le permitan sentirse confiada y segura, independiente del contexto.

Entonces, el practicante debe buscar experiencias previas de la persona donde efectivamente se haya sentido tranquila, confiada y segura, independiente del estado o contexto. Una vez halladas, el practicante "ancla" cada una de esas experiencias (que en el fondo son los recursos), llamándolas una a una por su nombre, o por el nombre con que la persona identifica esas mismas experiencias. El proceso debe repetirse varias veces hasta que la palabra que identifica la experiencia esté totalmente vinculada con la misma.

Nótese que para muchos en PNL este mismo proceso debiera ir asociado también a un "toque", como por ejemplo, tocar la mano de la persona al nombrar la experiencia. El propósito de ello es que al emplear la palabra la persona vuelva a evocar la experiencia previa.

Para terminar la asociación e incluir recursos, el practicante de PNL le pide a la persona que evoque algún momento pasado, presente, o futuro, donde se haya encontrado en una consulta odontológica, imaginando que está semirrecostada en el sillón, con el dentista a su lado, haciéndole el tratamiento, tal como lo había vivido en otras situaciones.

Una vez que la persona tiene la imagen, se le pide que evoque las palabras que son las anclas de las experiencias previas donde existe confianza, tranquilidad y seguridad. Mezclar en la mente ambas experiencias redundará en una nueva experiencia que ya no será igual al estar con el dentista, pues ahora también se le sumarán los "recursos" que han sido anclados.

Esta información puede ser establecida como un ancla visual, auditiva y/o kinestésica, para que se produzca la asociación de los estados de tranquilidad, seguridad, confianza, con la situación futura donde la persona se encontrará en la consulta con el dentista.

Finalmente, debiera ser realizada la activación del ancla un par de veces hasta que los estados internos de tranquilidad, seguridad y confianza empiezan a ser parte de la experiencia futura con el dentista.

Otro ejemplo sería el caso del líder de una organización que podría motivar a las personas que trabajan con él, conectando el propósito principal por el cual se encuentran trabajando allí, día a día, para después involucrarlos en algún nuevo proyecto que pudiera ser importante, no solo para la organización, sino también para todos ellos. Vincular el propósito con el nuevo proyecto sin duda hará que las personas pongan mucho más de sí mismas, al ver de forma asociada ambas experiencias.

En las ventas también se utilizan anclas. Por ejemplo, un vendedor le está diciendo a un comprador que la ropa le queda estupendamente bien, que ese zapato lo hace ver magnífico. En este caso podemos percatarnos de que el vendedor está haciendo una asociación entre lo que es el producto, y la calidad que el producto va a entregarle a la identidad de la persona, gracias, por supuesto, a la compra del mismo. Por lo tanto, esa ropa o zapatos lo harán verse magníficamente bien. ¿Puede recordar si ya le ha ocurrido?

En publicidad tenemos algo semejante. Por ejemplo, si le están vendiendo un automóvil, probablemente emplean alguna experiencia asociada a una emoción que quieren vincular con su estado interno, ya sea para que usted se vea como alguien de otro nivel social solo por estar usando esa marca, o como alguien exitoso, pues es una marca prestigiosa y costosa, o que usted podrá vivir sensaciones de libertad, pues ese auto le permite llegar, en teoría, a cualquier lugar. En cada una de estas experiencias existe una asociación externa a una vinculación interna, permitiendo que su estado emocional esté anclado a esa emoción.

Por ejemplo, podría estar viendo televisión y aparece un comercial de un automóvil en que se muestra a una familia y se escucha la voz de un locutor diciendo: "Usted que está viendo este aviso, usted que sí sabe cómo proteger a su familia en todos sus trayectos de vida...".

Como se puede dar cuenta, le están activando anclas específicas asociadas a sus sentimientos de ser buen padre o madre de familia, que quiere proteger a los suyos, y que parte de lo que hace es tenerlos en consideración, comprando el referido vehículo.

Los comediantes también son maestros en el uso de anclas. Una vez que han logrado que el público se ría con alguno de sus chistes, gracias, o gestos, vuelven a repetirlo en distintos momentos y lo usan como un efecto palanca para lo que van a decir a continuación.

Otra aplicación de anclas serviría para alguien que quiere hacer gimnasia, pero siempre lo está postergando, entonces podría echar mano de esta herramienta para recordar el momento exacto en que debe salir y dirigirse hacia el lugar donde se ejercita, en el tiempo que había establecido para realizar esa actividad.

Con las personas también tenemos anclas. Estas pueden ser positivas o negativas, asociadas a experiencias previas tales como anécdotas amenas, momentos de cariño y amistad, situaciones chistosas, o incluso malas, como peleas y discusiones. Se trata de eventos que quedan en nuestra mente por mucho tiempo, como aquellas anclas que se activan cuando nos encontramos con un querido amigo de infancia. En cada una de esas experiencias usted se percatará de que la persona en sí funcionará como un ancla.

Hay anclas que podríamos considerar muy negativas y que asociamos a personas con sus gestos, miradas, inflexiones de voz, que eventualmente nos retrotraen a momentos de celos, de angustia, u otras experiencias adversas. Muchas personas conciben las instancias de evaluación como algo negativo, pues desde pequeñas sus calificaciones debían ser informadas en la casa y, en ocasiones, obtuvieron reprimendas o castigos que les dejaron esa sensación de "evaluación es igual problema" o significa "no pasarlo bien" hasta el día de hoy. Entonces, frente a un examen o prueba, muchos adultos sienten un grado de nerviosismo, un malestar, o derechamente lo pasan mal de antemano, pues el ancla fue ejercitada por muchos años durante el periodo de infancia, adolescencia, o preadultez.

También existen anclas "naturales", como por ejemplo, el mar con su propio sonido que nos concede serenidad, mirar el cielo azul cuando hay pocas nubes y está despejado, sentir ciertos aromas en la primavera, ciertos sonidos de las hojas en otoño, y, sin duda, los colores. Cada una de esas anclas produce a muchas personas un cambio en un estado interno.

Las anclas más poderosas que tenemos, a pesar de que no las vemos de forma tan evidente, son las palabras que usamos a diario, pues estas traducen claramente nuestro propio simbolismo.

Existen también "anclas encubiertas", que se dan cuando alguien está anclando sin que sepamos que lo está haciendo. Esto se puede detectar cuando la otra persona realiza un movimiento repetitivo y lo asocia a una cierta palabra o una cierta idea o concepto. Muchas veces esas anclas encubiertas han causado mala reputación a la PNL. Sin embargo, y a mi entender, no se le puede entregar la responsabilidad de una falta ética en su utilización a la herramienta en sí. Como usted bien sabe, un cuchillo sirve de forma fantástica para pelar papas, sin embargo, algunos le dan usos muy por fuera de la ley, y en el caso de un asesinato, quien va preso a la cárcel jamás ha sido el cuchillo.

También me gustaría mucho mencionar cómo se relacionan las anclas cuando son empleadas como metamensajes. Por ejemplo, si usted va a una ceremonia específica y se encuentra con la bandera de su país, lo más probable es que implícitamente quieren transmitirle el sentido de patria. De forma similar, en distintas ceremonias religiosas se emplean los mismos ritos y objetos para entregar mensajes que van más allá del texto o narrativa que se le da a los asistentes.

Resulta importante plantearse la pregunta que hacen muchos practicantes de PNL acerca de la pureza del ancla y que esta no se mezcle con otras anclas; principalmente debido a la cantidad que se utilizan durante todo el curso de PNL. Sin duda ocurrirá que algunas anclas no serán tan efectivas, pues tal vez están usando los mismos recursos, las mismas palabras, los mismos puntos de toque kinestésicos, cuando en realidad son para distintos contextos.

Otro tema que muchas veces salta como duda es cuán intenso debe ser el estado para que el ancla sea gatillada. Mi respuesta la conecto más bien con uno de los principios de Hipnosis Clásica, que dice que "cuanto más intensa sea la emoción, más potente será el ancla".

A muchos estudiantes de PNL les encanta el "autoanclaje", pues puede hacerse con mucha facilidad y les permite obtener resultados de forma muy rápida, lo que significa un beneficio enorme llevado a la práctica. Sin duda no solo son necesarias "auto-anclas" para tener la experiencia como uno quisiera, pues resulta que muchas veces, como nosotros somos parte del problema, necesitamos a otra persona que nos ayude a darnos cuenta de ello, además de que hay involucradas creencias, valores, y estructuras de pensamiento, entre otras cosas.

Las anclas también son de gran ayuda para el manejo de situaciones complejas. Cuando una persona está "muy anclada" con ciertas situaciones, se le podrá ayudar a vivir mejor aquello que desea acudiendo a otras anclas.

La duración de las anclas puede ser tal como una vida, o el mismo tiempo que nosotros podamos evocar algo que hayamos vivenciado. Sin embargo, al haber hecho en algún instante un cambio conductual, lo más probable es que este perdure, independiente de la sustentación y mantención del ancla, pues nuestra mente inconsciente ya aprendió una nueva condición. Lo que sí podría ocurrir es que por fuerza de las circunstancias y por los mismos cambios que trae la vida, antiguos hábitos o condicionamientos vuelvan a surgir con fuerza, siendo necesario revisar o retomar el trabajo realizado.

Las anclas también pueden ser eliminadas y, en general, esto se hace a través de un proceso de superposición de nuevas anclas, que incluirán emociones diferentes y una desensibilización de aquello que existía. Por ejemplo, alguien que está profundamente enamorado o enamorada, y que el sujeto de su amor es un ancla para él o para ella, puede ser desensibilizado para atenuar la emoción existente al cambiarla con otro estado interno, como por ejemplo, la sensación de un recuerdo lejano e inocuo.

Como se puede percatar, conocer las anclas, tanto en programación neurolingüística como en coaching e hipnosis, nos entrega una herramienta muy importante, práctica, con mucha flexibilidad, y de fácil aplicación. Además, se le puede enseñar a la persona que la necesita, para que ella misma la ejercite y que esta ancla sea parte de su nueva manera de experimentar aquello que desea vivir, y de la forma como le interesa vivir sus experiencias.

6.

TENGO LA COMPETENCIA ¿TENGO LA CAPACIDAD?

La necesidad de tener consciencia sobre las distinciones

El propósito de este artículo es mostrar las distinciones que existen entre 'competencia', 'capacidad', 'habilidad' y 'performance' y entregar distintas perspectivas sobre estos conceptos, tomando como eje central la noción de 'capacidad', que considero de suma importancia y tan olvidada en múltiples áreas de nuestras vidas. Además, se habla mucho sobre 'competencia', sin embargo, no existe una conexión directa que se establezca como generalidad con el concepto de 'capacidad'. Por todo ello, busco profundizar en la relación entre ambos conceptos, y abordar la facultad e incidencia que se obtienen de los resultados sobre ciertas tareas o actividades, propias de procesos intermedios de metas y objetivos, o incluso de metas finales y destinos que pueden divergir completamente.

Para empezar con un ejemplo, si tomamos en consideración las experiencias que los niños deben enfrentar a lo largo de su crecimiento, podríamos observar que muchas veces estos encuentran dificultades para realizar ciertas acciones o tareas, sin embargo, dentro del proceso que se lleva a cabo, generalmente en términos de actitudes y creencias para producir un cambio conductual, no se trabaja con ellos en el desarrollo de sus capacidades.

Los adolescentes, que muchas veces presentan un fuerte juicio del "yo mismo", en un marco de comparación con sus pares sienten la incapacidad de realizar ciertas actividades o de solucionar o hacer frente a determinados problemas, y tampoco existe un trabajo que considere el desarrollo de sus capacidades más que de sus competencias.

Los adultos con frecuencia creen que ya están definitivamente "formados" y que en lo que se han convertido es "como simplemente son". Entonces consideran que la posibilidad de desarrollar nuevas habilidades es algo ajeno a su persona, pues su propia estructura de pensamiento hace difícil que vean esto de manera diferente. Para mí, acá tenemos nuevamente el concepto de 'capacidad' que se hace presente.

Para sorpresa de los adultos mayores, y contradiciendo a Jean Piaget, puedo asegurarles que su capacidad de desarrollo sigue evolucionando hasta el final de sus días. Sin embargo, se requiere que exista voluntad de seguir creciendo y aprendiendo. El proceso de desarrollo de la capacidad, como veremos en este artículo, es permanente y continuo, e influye en todas las áreas de nuestra vida.

Las distinciones que existen

Todos nosotros tenemos la habilidad para aprender y se nos hace más fácil o más difícil, dependiendo del asunto que motive nuestro aprendizaje. Sin embargo, si nos preparamos y usamos las estrategias correctas orientadas a nuestros objetivos específicos, nuestra capacidad de aprendizaje se verá incrementada, y se nos facilitará la obtención de mejores resultados.

Por ejemplo, una tenista aficionada puede jugar fácilmente con otra tenista aficionada un partido de una hora y media o dos horas. Sin embargo, si esta misma aficionada juega con una tenista profesional, resulta altamente probable que no logre ni siquiera golpear las pelotas, que corra más de lo que acostumbra, y se le haga casi imposible terminar el partido.

Por lo tanto, la diferencia está en todo el entrenamiento y preparación técnica, lo que conlleva condicionamiento físico, psicológico, práctica, rutina, entre otras cosas, y por supuesto las estrategias que la tenista profesional emplea en la cancha, asociadas, a su vez, con el conocimiento del juego de su oponente, sus debilidades y fortalezas.

En otro ejemplo tenemos que a muchas personas les cuesta concentrarse en la lectura de un libro. Lo que les ocurre, como generalidad, es que el texto después de un rato deja de ser motivante, pues su mente inconsciente está acostumbrada a ver películas, leer revistas, o conectarse a internet, en que el control y manejo de la adquisición de información se hace de una forma muy diferente que al leer un libro. Nuevamente acá la persona no lo tiene considerado, pero debiera desarrollar estrategias específicas que le permitan incrementar su capacidad de concentración, pues la habilidad está presente.

En los negocios, en variadas ocasiones, la toma de decisiones se realiza en base a la selección de criterios y valores no muy específicos. Esto conlleva que los equipos de trabajo no tengan certeza de cuál es la mejor decisión a tomar en un momento determinado. Bajo esa perspectiva, es factible trabajar con los equipos mejorando sus estrategias, ya que con ellas vendrá una mejora en las competencias y en las capacidades para las tomas de decisiones.

Dentro de los paradigmas actuales, se considera que para ser un buen ejecutivo y un buen líder, se deben tener desarrolladas las competencias para articular recursos así como la experticia de quienes forman parte del equipo. Esas competencias son apetecidas, requeridas y buscadas por quienes trabajan en Recursos Humanos, pues son esenciales en el manejo de la organización y para la ejecución de sus mismas labores.

Lo que muchas veces no se comprende es por qué alguien que tenía las competencias para hacer todo lo que se detalla arriba, cuando es promovido en el trabajo deja de ser la persona que era, y comienza a presentar falencias que no se habían vislumbrado. Para mí, dichas falencias están fundamentadas en que nadie antes se preocupó de definir con exactitud cuál era la capacidad de desarrollo de ese ejecutivo.

En el idioma Castellano encontramos que, de acuerdo a la RAE, 'capacidad' tendría los siguientes significados:

- f. Cualidad de capaz. Capacidad de un local. Capacidad para el cargo que se desempeña. Capacidad intelectual.
- f. Fís. volumen (**II** magnitud).
- f. Fís. Cociente entre la carga de una de las armaduras de un condensador eléctrico y la diferencia de potencial existente entre ambas, y cuya unidad es el faradio.
- f. desus. Oportunidad, lugar o medio para ejecutar algo.
- capacidad de obrar
- f. Der. Aptitud para ejercer personalmente un derecho y el cumplimiento de una obligación.
- capacidad jurídica

Y en idioma Inglés tenemos que 'capacity' o 'capacidad' pudiera ser:

- El potencial o la idoneidad para mantener, almacenar o acomodar una X cantidad de algo.
- La cantidad o número máximo que puede contenerse o acomodarse.
- Un espacio (jarra, por ej.).
- La cuantificación de la aptitud o habilidad física (capacidad de oxigenación

por ej.) o mental de un individuo para realizar una determinada actividad.

- La facultad o potencial para manejar, gestionar, experimentar experiencias.
- Rendimiento en función de un marco de comparación.

Podría decir a estas alturas, y considerando las definiciones anteriores, que tenemos un concepto de 'capacidad' relacionado a "contener y albergar algo en un cierto espacio dado", mientras que la otra acepción de 'capacidad' se relaciona con los "niveles de habilidad que pueden ser demostrados bajo ciertas condiciones y de acuerdo con un marco comparativo implícito o explícito".

Por supuesto será esencial entender también las distinciones entre 'habilidad' y los dos 'tipos de capacidades', pues en el mundo organizacional, el mercado laboral presenta diferentes posibilidades en cuanto a lo que se requiere hacer para la búsqueda de personal. Esto sin duda influencia al candidato o candidata que desea reposicionarse en el mercado laboral o que está buscando trabajo, quien, por lo general, está muy atento/a a demostrar sus habilidades y competencias, y tiene pocas alternativas para evidenciar sus capacidades, y el entrevistador, por su parte, no sabe cómo medirlas.

Es posible inferir que la competencia también podría ser considerada como el Know-How, en conjunto con las habilidades (skills) que tiene un individuo y que se articulan de forma virtuosa en el tiempo, generando un momento continuo en el proceso de desarrollo.

Por ejemplo, podríamos decir que cierta persona tiene la habilidad para estudiar. Supongamos en este caso que tiene la competencia para estudiar matemáticas, con periodos de concentración iguales a 30 minutos. Pasado ese tiempo pierde su concentración y ya no puede seguir realizando esa actividad.

Esa persona, si quisiera, podría mejorar la capacidad de dicha competencia a través de estrategias y revisando cómo realiza el proceso. Puede hacer una deconstrucción de la experiencia, para volver a reestructurarla y así extender su concentración hasta un tiempo que le parezca más adecuado, respetando, por supuesto, la propia biología y ecología general de su vida.

Por otro lado, esa misma persona podría simplemente decir: "No puedo estudiar más de 30 minutos, pues simplemente no lo logro. Ya he hecho muchos intentos, pero tengo esa limitación". El hecho es que está en lo cierto cuando lo ve bajo el punto de vista de las conductas, pero no desde la mirada del desarrollo de capacidades.

Curiosamente, en las organizaciones se ha desarrollado mucho lo que se llama "gestión por competencias", donde existe una plantilla que identifica cuáles son los resultados requeridos en términos de conductas y comportamientos. Para ello a veces se emplean capacitaciones o coaching conductual que buscan producir los "cambios", asumiendo que se pueden adquirir nuevas habilidades, sin preocuparse seriamente por el desarrollo de la capacidad del individuo, que, en definitiva, pasa a ser lo más importante.

La habilidad

Muchas veces las organizaciones hablan de sí mismas y al describir su "misión, visión y valores" incluyen la definición de la capacidad que tienen para ofrecer productos y servicios. Sin embargo, esa capacidad es solo una parte de la ecuación. Resulta que primero deben tener la habilidad, para después generar una capacidad física, asociada a una capacidad conectada con el juicio de lo que se entrega (calidad en tanto marco referencial sobre la expectativa del producto o servicio que se ofrece), para finalmente, decir que son competentes en aquello que hacen.

Si hablamos en términos de una persona, también podríamos decir que la habilidad es una performance relacionada con una tarea, sea esta física o mental, teniendo en cuenta que una habilidad es aquello que es inherente a la genética de la persona, así como muchas veces dependiente de su desarrollo.

Usted puede encontrar, por ejemplo, que grandes corredores de maratón de origen keniano o etíope tienen más habilidades morfológicas asociadas a su fenotipo para realizar este deporte que maratonistas de otros países, versus lo que estos mismos pueden realizar en natación, donde no son muy conocidos por sus resultados en competencias internacionales a la fecha.

La habilidad es, por lo tanto, un atributo que está o no está y que puede ser desarrollado.

Muchas empresas cuando se inician surgen de las habilidades de quienes las fundan. Este es el caso de HP (Hewlett-Packard), por ejemplo, cuyos fundadores –dos ingenieros y amigos– tenían las habilidades técnicas que les facilitaron el desarrollo y creación de lo que es hoy la mega empresa reconocida mundialmente.

De la misma manera ocurre con los individuos cuando llegan a hacer ciertas actividades en una empresa o institución. El hecho de que estos tengan las habilidades presentes, ya sean innatas o aprendidas, no implica que vayan a mostrar un desarrollo continuo de sus habilidades, como para adaptarse a los requerimientos que surjan, o que vayan a desarrollar nuevas habilidades necesarias para los cambios permanentes, que incluso podrían dejar obsoletas aquellas habilidades consideradas de forma positiva.

La capacidad

En el idioma inglés existen las palabras 'capacity' y 'capability'. Ambas palabras, incluso para los angloparlantes, resultan confusas, pues no solo se parecen, sino también son usadas en contextos relativamente similares. En castellano, en cambio, empleamos ambos términos fundidos en una sola palabra que es simplemente 'capacidad'.

Recordemos que una de las acepciones de 'capacidad' es el poder de sujetar, acomodar, albergar, recibir, o contener algo. Por ejemplo, si usted tiene una cantidad de agua para ser contenida en un jarro, debe asegurarse de que la capacidad del jarro sea suficiente como para recibir la medida de líquido que quiere guardar en el mismo.

Si tomamos este concepto y lo llevamos al ser humano, podría decirse que la información es el líquido y que el jarro es la cantidad de información que puede contener de líquido. Por lo tanto, así como una gran cantidad de líquido no podría ser contenida en un jarro pequeño, lo mismo le ocurriría a una persona en que una X cantidad de información podría perderse y no ser contenida por su mente, lo que estaría relacionado con su habilidad o su poder de comprensión.

Podríamos referirnos nuevamente a las dos palabras que existen en inglés y empezar a fundirlas en términos de nuestro idioma español, donde hay un tipo de capacidad correspondiente a la habilidad que está presente, y la otra más cercana a "Ability", que se refiere al alto nivel de habilidad que un individuo puede lograr o mejorar. Como puede notar, 'capacidad' también es la habilidad para sostener, acomodar o recibir información, –tal como en un contenedor o en una botella– en la mente de una persona.

La capacidad, por otro lado, es una característica, una facultad o un proceso que puede ser desarrollado y/o mejorado. Es un proceso de colaboración que puede ser instalado, a través del cual las competencias del individuo y sus mismas habilidades se explotan y aplican. Así, la capacidad se puede referir a una habilidad que ya existe en el individuo, pero que puede ser mejorada de forma sustancial. Si una persona se dice muy capaz para aprender muchos idiomas, porque aduce tener facilidad para ello, nos está hablando de su potencial de aprendizaje en esta materia.

'Capability' en el idioma inglés vendría a ser una característica, una habilidad, o una competencia que puede ser desarrollada en una persona. Alude a una habilidad que existe en alguien y que puede ser mejorada. Por lo tanto, el concepto del potencial de desarrollo o de mejora sería para nosotros la capacidad del individuo en función de una performance esperada.

Por ejemplo, las vacunas que se están probando para el Covid-19 tienen la capacidad de generar inmunidad, sin embargo, a la fecha de este artículo, aún se encuentran en pruebas donde se verifican eventuales problemas colaterales, los que se corregirán hasta que la vacuna llegue al total de su potencial.

A partir de todo esto, me parece que también es relevante buscar en la misma RAE el significado de 'capaz', y ahí nos encontramos con:

- Que tiene ámbito o espacio suficiente para recibir o contener en sí otra cosa.
- Grande o espacioso.
- Apto, con talento o cualidades para algo.
- Que puede realizar la acción que se expresa.
- Dicho de una persona: Que se atreve a algo.
- Apto para ejercer personalmente un derecho y el cumplimiento de una obligación.
- Posible o probable. Es capaz que llueva.
- Quizá o tal vez. Capaz que le gustó. Capaz vuelva.

Como se puede dar cuenta, este significado realmente nos aproxima a las distinciones mencionadas anteriormente, como 'capacity' y 'capability' en idioma inglés, y que se nos hace difícil diferenciar en castellano al estar unidas.

Como una complejidad adicional, quiero mencionar que, por lo general, se habla de su nominalización, es decir, de "la capacidad", donde se sustantiviza el verbo 'capacitar', haciéndolo aún más abstracto para poder entenderlo fácilmente.

La competencia

También podemos encontrar en el diccionario de la RAE, las siguientes definiciones relacionadas con el significado de 'competencia':

- Disputa o contienda entre dos o más personas sobre algo.
- Oposición o rivalidad entre dos o más personas que aspiran a obtener la misma cosa.
- Situación de empresas que rivalizan en un mercado ofreciendo o demandando un mismo producto o servicio.
- Persona o grupo rival. Se ha pasado a LA competencia.
- Competición deportiva.

Como puede percatarse, esos términos no encajan muy bien en el concepto que estamos trabajando, sin embargo, podríamos incluir estas definiciones que también salen en la RAE.

- Incumbencia.
- Pericia, aptitud o idoneidad para hacer algo o intervenir en un asunto determinado.
- Ámbito legal de atribuciones que corresponden a una entidad pública o a una autoridad judicial o administrativa.

En términos de definiciones, podríamos quedarnos con que 'competencia', de acuerdo a lo que dice el diccionario RAE, también es "pericia, actitud o idoneidad para hacer algo o intervenir en un asunto determinado".

La performance

En general, cuando hablamos de performance, estamos realizando implícitamente una comparación, la cual se refleja en función de datos que ya tenemos o que proyectamos como expectativas. Asumiendo como marco de referencia el espacio y el tiempo, algo que se da de manera natural es que la performance necesita ser llevada cuantitativamente más que cualitativamente, para así contar con un proceso de mejora continua.

Por lo tanto, en las organizaciones podemos localizar la performance en las áreas de venta, producción, despacho, términos de proyectos, rendimiento, entrega de productos a ser desarrollados, entre otras. También encontraremos performance en deporte con muchos indicadores que se adaptan a la modalidad practicada y a cada disciplina; y en la educación, donde se usan notas o letras para medir la performance.

Por otro lado, todas estas mediciones relacionadas de alguna manera con el rendimiento en una cierta unidad específica apuntan directamente al resultado, que deriva en conductas o comportamientos asociados a un hacer.

Así, usted puede ver que no tenemos cómo medir de forma directa cuál es la "capacidad" de aprendizaje de una persona, ni la cantidad de información que entra en su mente, como si se tratara de una porción específica de agua que se introduce en un jarro. De manera simplista asumimos que todos nosotros tenemos la misma "capacidad".

Es importante señalar aquí que el Profesor Otto Laske, a través de su metodología basada en el CDF o Constructive Developmental Framework, ha creado un método que emplea entrevistas para medir el grado de relación social, emocional, y de cognición, además de tests de estructuras psicológicas en sus tres ejes de dimensiones, para evaluar lo que él llama la densidad de pensamiento, que a su vez se asocia con la competencia de articulación de ideas, y que está correlacionada directamente con la capacidad de desarrollo de una persona.

Las relaciones que existen

Claro está que tenemos una relación entre la habilidad, la competencia, la capacidad, la performance, y el rendimiento. Es muy probable que dependiendo del autor, esto sea comprendido e interpretado a través de otro marco de subjetividades que el presentado acá.

La **habilidad** es la forma natural por la cual alguien realiza una cierta actividad, tarea, asignación, trabajo o pensamiento. La **competencia** es el desarrollo de esa habilidad, donde encontramos que la persona, una vez que tiene conciencia sobre lo que hace y lo que no hace, gana más posibilidades y distinciones para realizar o pensar aquellas actividades, tareas, asignaciones, trabajos o pensamientos. La **capacidad** sería la cantidad de variables que una persona maneja de forma simultánea, concatenadas de tal manera que su competencia pueda seguir desarrollándose junto con el incremento de su capacidad en el transcurso de su vida. Y la **performance** sería la razón comparativa entre un rendimiento específico histórico o proyectado, versus el resultado que se obtiene para actividades o tareas que deben ser realizadas.

En la PNL

En la PNL, generalmente, nos encontramos con un fuerte incentivo a trabajar competencias, conductas, actitudes, en pos de entregar una performance de acuerdo a las expectativas del cliente, ya sea en su ámbito personal o en lo que se refiere a su vida profesional, en función de la organización donde trabaja.

En la medida que quisiéramos fomentar el desarrollo de la capacidad, recomendaría el trabajo asociado al lenguaje, con patrones de Metamodelo, Modelo Milton, uso de Metaprogramas, y también el empleo sistémico de niveles neurológicos, para incrementar la cantidad de variables existentes.

En el coaching

En el coaching, una excelente forma de trabajar la capacidad es a través del modelo del Coaching Integral ICI. Este modelo está orientado al desarrollo de las capacidades, no solo del coachee, sino también del coach, donde existe la preocupación por el desarrollo de la base epistemológica de ambos, aparte de su ontología.

En este caso, se trabaja su relación social y emocional, su cognición, y perfil psicológico, para que en conjunto con su pensamiento sistémico gane nuevas dimensiones que le facilitarán el incremento de su capacidad y articulación de pensamiento.

Las creencias y valores

Tanto en PNL, como en coaching y mentoring, para el desarrollo de la capacidad de las personas resulta esencial ganar conciencia sobre las creencias y comprender cómo están construidas, el significado de las mismas, el valor que se les asignan y cómo estas son relativizadas de acuerdo a las preferencias y decisiones de cada persona. En la medida que estas creencias se transforman en dogmas, podría suceder que la persona cayera en su opuesto, por ejemplo, un pesimismo relativo, buscando un modo de cuestionar las estructuras de pensamiento existentes. Sin embargo, el pesimismo con esa relativización solamente puede mostrar un opuesto de lo que es el mismo dogmatismo, sin entregar de manera práctica el desarrollo de consciencia esperado.

En el mentoring

En el mentoring de desarrollo nos encontraremos, igual como en el coaching de desarrollo, con la importancia de detectar los constructos de las estructuras existentes para poder entender cómo se halla establecida la realidad de esa persona. Desde esa mirada podemos entregarle a las personas nuevas alternativas de "construcción" con nuevas formas "arquitectónicas" y que tal vez les sean mucho más adecuadas para la vida que desean vivir. Este es un ejercicio permanente en el proceso de desarrollo, que permite en el tiempo el incremento de la capacidad de pensamiento.

En el "framework" del Coaching Integral ICI, las estructuras de pensar y sus marcos de pensamiento, una vez empleados y articulados, facilitan el desarrollo de la capacidad. Por ejemplo, el tener presente las perspectivas existentes –de forma simultánea– entre mi yo, mi visión interna y mi visión externa, la cultura existente y sus significados, una visión sistémica, y todo esto concatenado, facilita la validación e interpretación de las experiencias que vivimos. Como ha dicho Ken Wilber, esto aporta "un mapa de todos los mapas" –aunque igual se trate de otro mapa–.

También el tener claro cómo son los cambios de procesos en el tiempo, de qué forma pasado, presente y futuro se conectan y, de qué modo los contextos se mezclan unos con otros, así como comprender las relaciones que se preestablecen y se abren hacia el futuro, permite que la persona tenga, a través de este infinito mar de transformaciones, la posibilidad de generar nuevas capacidades. Así, surge la visión acerca de que esta misma capacidad va a producir un nuevo compromiso de desarrollo de competencias y conductas.

El individuo y sus edades

Es interesante hacer notar cómo el desarrollo de la capacidad empieza a darse de manera acelerada con los niños, en la medida que estos producen conexiones entre elementos que no están disponibles y que hacen presentes de forma mágica, permitiendo que su mundo gane nuevos significados a una gran velocidad.

En los inicios de su edad preescolar estos dependen mucho de los estímulos entregados por sus padres o apoderados para desarrollar esa capacidad. A su vez, al verse inmersos en un sistema escolar, el desarrollo de su capacidad empieza a ser dirigido y condicionado por quienes han estudiado la mejor forma "promedio" de desarrollar las competencias y capacidades en otros.

Es ahí que nos encontramos con esta polaridad, donde al mismo tiempo tenemos una estandarización de la educación en aras de entregar aprendizajes con una performance y niveles estipulados por anticipado, y el desarrollo de capacidad, que no aparece como un elemento de importancia.

Así mismo tenemos a aquellos que escapan a la norma (entiéndase acá la distribución normal estadística) "escolar" de la cual debieran ser parte, a pesar de tener enormes potenciales. Como algunos niños tienen necesidades "diferentes" en su aprendizaje en relación al estándar promedio de sus compañeros, podrían verse menoscabados en su desarrollo, principalmente por etiquetas que se constituyen en base al modelo imperante. Bajo esa mirada, los padres/apoderados deben estar alertas al desarrollo de los niños para verificar si la forma como se les enseña es la más adecuada para ellos/ellas, o en su defecto, buscar metodologías que les sean más afines.

Al entrar en la preadolescencia y adolescencia, el desarrollo de la capacidad se vuelca en gran medida hacia la relación socio-emocional, junto con la cognitiva. También hay que tener en consideración que la masa encefálica del adolescente crece al punto de llegar a su capacidad máxima, como un adulto, sin embargo, sus conexiones neurológicas hacia el cortex pro-frontal se desarrollan hasta su adultez.

Debido a esta condición, podríamos vivir situaciones donde un/a adolescente en un momento dado está hablando como si fuera un adulto, y luego lo/la podemos observar entretenido/a en juegos propios de la infancia. De igual forma, en otro momento podríamos tener un/a adolescente argumentando como si fuera una persona con un mayor desarrollo de conciencia, para luego presentar una argumentación o una reacción emocional fuera de este contexto, tal como una rabieta, propia de un niño/a. En la medida que el/la adolescente va llegando a su adultez, habrán terminado de establecerse todas las conexiones neurológicas hacia su córtex prefrontal, y tendrá ya asimiladas las reglas sociales necesarias para su desarrollo con otras personas en distintos contextos.

El desarrollo de conciencia del adulto, a diferencia de lo señalado por Jean Piaget acerca de que este terminaba aproximadamente a los 25 años, se da en realidad como algo continuo a través de la vida, y hasta el final de nuestros días. Este desarrollo de la capacidad debiera estar dirigido por la motivación, por la cantidad de experiencias y reflexiones que puedan hacerse en función de lo que se vive e interpreta, y de qué forma se establecen vínculos asociados a su yo y también desprendidos de su propio-yo (self).

Las organizaciones

En las organizaciones, el desarrollo y aprendizaje se da a través del desarrollo de conciencia de aquellas personas que conforman la organización y que están vinculadas con el contexto, con sus metas, objetivos y valores, con la sociedad donde se encuentran y con el mercado al que sirven. Este desarrollo también es continuo en el tiempo, haciendo que los valores y creencias, así como la misión y visión, sean variables de gran interés para el objetivo final de la misma organización.

Es muy común encontrarse con situaciones en que una organización parte con un tipo de actividad comercial o social, y requiere personas con ciertas características y competencias, pero tras un periodo estas mismas personas ya no tienen cabida en la organización, pues esta se desarrolló hacia otras áreas, cuyas necesidades actuales distan mucho de las necesidades iniciales. En la medida que quienes conformaban la organización no tengan un desarrollo acorde con la misma, es muy probable que ya no serán funcionales para esta "nueva organización" que se viene a constituir.

Como consecuencia, este individuo que ahora se encuentra fuera de su ambiente, no logra comprender lo que está viviendo, pues no entiende cómo después de tantos años, con un desempeño adecuado, y evaluado como un colaborador ejemplar, deja de tener cabida, mientras continúan otros que llevan menos tiempo en la organización, –los que, por cierto, son más adaptables y han seguido desarrollándose permanentemente y acorde al contexto–.

Los adultos mayores

Es sabido por muchos, aunque de forma equivocada, que los adultos mayores tienen poco desarrollo de su capacidad. Esto se relaciona con la visión cultural y social que impera en Occidente, donde no se valora la esencia del desarrollo de la capacidad, tan apreciada en Oriente, que se llama "sabiduría".

En toda la historia de la humanidad, aquellos que tenían más edad y que, por supuesto no eran físicamente aptos para ir a la guerra, formaban parte de consejos para orientar a los grupos más jóvenes. Aún hoy en día, la edad adulta es respetada en Oriente, y consultada para obtener consejos sobre decisiones importantes que requieren consideraciones sistémicas e incluyen la variable tiempo.

En Occidente, en cambio, nos encontramos con la subvaloración de ese saber, donde prima el conocimiento duro, de tecnologías o modelos más eficientes para el contexto presente, que derive en resultados inmediatos. Sin embargo, el desarrollo de la capacidad del adulto mayor, al igual que en todas las edades, está siempre presente y crece como parte de su proceso de pensamiento y reflexión, así como de la motivación y voluntad de crecimiento en su desarrollo como individuo.

La sociedad

Vale la pena preguntarse acerca de cuál es la percepción sobre la capacidad y competencia que puede mostrar un cierto individuo en función de la ayuda, el apoyo, o el valor que este mismo entrega a la sociedad. Considerando lo anterior, tenemos que la sociedad aprecia la aplicación directa de algún conocimiento o de una conducta.

Por ejemplo, a científicos se les entrega el premio Nobel porque han descubierto algo importante para el desarrollo de la humanidad. A un/a pianista clásico se le premia debido a su virtuosismo, ya que con maestría logra transmitir tanto la destreza al tocar el instrumento, como la emoción que el/la compositor/a (o la música) quiere compartir con aquellos que lo escuchan, evocando estados en otras personas.

De igual forma se puede percibir en el deporte. Por ejemplo, en el fútbol se valora a quienes logran hacer goles, o impedir que se hagan goles, o dar pases para hacer goles. En fin, todo relacionado con el "hacer".

En el mundo empresarial es semejante y se valora, por ejemplo, a quien logra ventas, o genera ideas innovadoras que se traducen en productos o servicios, que posteriormente pueden ser medidos a través del beneficio de ingresos entregados por los clientes cuando estos compran.

En todos los ejemplos anteriores, lo que subyace a la competencia y a la capacidad –y pareciera ser semejante a la parte inferior de un iceberg, pues no se ve–, es que todos aquellos que logran éxito, no solo tienen las competencias desarrolladas para cumplir con los resultados excepcionales, sino que también poseen una gran capacidad de reflexión sobre aquellas actividades que realizan o practican.

Esa capacidad de reflexión es propia de una articulación de pensamiento más sofisticada, llevada hacia un quehacer específico. Por lo tanto, podemos ver que en términos sociales, el desarrollo de la capacidad de pensamiento no tiene una gran valoración en sí misma, a menos que sea directamente aplicada a un quehacer específico.

La tecnología

Como consecuencia de lo que estamos viviendo durante estos días y meses de pandemia, donde hemos tenido que incorporar, por fuerza de necesidad y aceleradamente, procesos de trabajos y de comunicación digitales, todavía no vislumbramos de qué manera todo eso también acelerará nuestro proceso de incrementar capacidades. Por ahora, lo que vemos es lo que se ve, es decir, logramos hacer casi lo mismo que antes, o mucho más, pero de una forma que se veía venir.

De manera semejante y algo encubierta, usted puede percibir que cada vez más elementos asociados a "machine learning" y a "deep learning" se encuentran presentes en nuestras vidas; ya sea una aspiradora robot, un auto que puede ser manejado de manera autónoma, una casa que puede ser gestionada totalmente por vía de aplicaciones, etc.

Es cierto que las ventajas que trae la llegada de la inteligencia artificial tienen dos lados de la moneda. Por una parte nos encontramos liberados de hacer trabajos rutinarios y, por otra, aquellos que viven y han ganado su vida realizando estos trabajos rutinarios, deberán pasar por un proceso de reeducación y reconversión, donde el incremento de sus capacidades los llevará a tener nuevas competencias, diferenciadas de las que poseían.

Soy de los optimistas en cuanto al futuro uso de la tecnología. Creo que tal como ha sido generada por los seres humanos, seremos nosotros quienes pondremos los límites a los alcances de la inteligencia artificial (IA) y sus beneficios para nuestra sociedad, incrementando la capacidad de las personas.

Lo interesante de esta perspectiva es que todos hablan de la inteligencia artificial, pero muy pocos hablan de la inteligencia real (IR), como si esta permaneciera estática, inamovible y desde ahí nada más se pudiera hacer, considerando que la generación de información produce desarrollo intelectual, por lo tanto, el pensar queda a merced de redes y plataformas digitales.

Por suerte, y usted lo puede ver ya en niños y niñas pequeños/as, la digitalización trae distintas formas de lectura y aprendizaje, y es así como se puede sorprender con la forma inconsciente y automática con la cual niños/as de tres a cinco años hacen sus aprendizajes e integran información proveniente de una cantidad mayor de medios que aquellos que existían y estaban disponibles hace cincuenta, treinta, e incluso diez años.

Frente a todo esto, vuelve a ser importante aquello que nos ha distinguido de las otras especies y que se relaciona con la superación de nosotros mismos, esa "pulsión" que nos empuja a ir mucho más lejos que la mera sobrevivencia, buscando superación en distintas áreas, en un continuo infinito.

Por supuesto, modelos asociados a las tecnologías de desarrollo humano, como por ejemplo PNL, mentoring, coaching, hipnosis, así como tantas otras metodologías que permiten que las personas logren estructurar mejor sus ideas y pensamientos, usan principios provenientes de la integración de distintas disciplinas tales como filosofía, psicología, neurociencia, física, para de esta manera activar nuevas modulaciones y articulaciones del pensamiento hacia distintos propósitos y finalidades que son de nuestro interés.

Los usos

La definición de cómo se hace una evaluación de capacidades es poco común en las organizaciones y también en la sociedad, debido a que el evaluador también debe tener la capacidad suficiente para darse cuenta de la capacidad del otro y cómo deberá ser medida.

Es bastante más sencillo medir un resultado final, con un marco de expectativas específicas que pueden ser comparadas con lo que se obtiene, versus lo que conlleva un proceso que es dependiente del contexto, y de las relaciones que se van enhebrando para generar distintas transformaciones.

La toma de decisiones

En las organizaciones es fundamental poder detectar la capacidad de los ejecutivos en la medida que el entorno es cambiante y los patrones que existían previamente para tomar decisiones dejan de ser válidos. De igual forma hay que tener en consideración el cambio de la data que alimenta los procesos en la toma de decisiones, pues forman parte de variables que muchas veces son desconocidas. Por lo tanto, se requiere alguien con una enorme flexibilidad de pensamiento para poder percatarse del entorno cambiante en que está, y cuáles serían las alternativas posibles, para finalmente concluir en una serie de acciones beneficiosas para la organización.

Además, la toma de decisiones debe estar enmarcada dentro de los estándares estipulados por la organización, y aún así puede suceder que la organización quede rápidamente fuera de mercado, pues los marcos y estructuras con que se toman las decisiones hoy en día quedan obsoletos muy pronto.

Como ejemplo podría hablar de Amazon, empresa a la que le tomó entre 10 a 15 años ser rentable, y a pesar de que cada año generaba más valor, perdía más dinero, pues usó el marco estratégico contrario al de la lógica que indica que ingresos operativos implican tener cierres con márgenes positivos (¡acá no se dio por mucho tiempo!). Amazon apostó en el mediano/largo plazo por ser un actor dominante en un mercado que él mismo estaba forjando. Y como usted bien sabe, hoy en día Amazon es prácticamente la mayor empresa de distribución de bienes y productos del planeta.

El manejo de las relaciones

En el manejo de las relaciones interpersonales, ya sea en las áreas laborales, familiares, sociales también nos encontramos con la necesidad de comprender el desarrollo de la capacidad de las personas.

Cuando se dan determinadas conversaciones donde uno de los interlocutores está en un punto de vista ciego, y su argumentación es débil, que exista la capacidad de una articulación de pensamiento le facilitará el entendimiento de la situación que está viviendo y desde ahí la comunicación y la experiencia misma pueden tener una mejor continuidad, diferente a lo que pudiese haber llegado.

En la medida que el interlocutor posee más capacidad, y elabora preguntas hacia su interlocutor, podrá aprender de las muchas otras alternativas que hay disponibles. Así mismo, podrá dejarlo tranquilo acerca de que no existe la necesidad de ganar una argumentación como en una lucha, pero sí, dentro de lo posible, acercarse a un punto común que sea una verdad compartida.

Las estrategias

En cuanto al pensamiento estratégico, la capacidad de una persona se hace fundamental en la medida que esta le facilitará pensar en aquello que falta y que debe ser construido, muchas veces sobre la negación o la inexistencia. En este caso, el líder de un equipo y los equipos líderes deben tener presente que navegan en aguas que pueden cambiar en cualquier momento, pasando a ser desconocidas. Esto incluye las relaciones entre líderes y liderados, las que van moviéndose de forma permanente, de acuerdo a todos lo cambios que ocurren.

Los deportes

En cuanto al coaching o PNL, el trabajar la capacidad ayudará al deportista a que reflexione sobre lo que percibe y hace, entendiendo cuál es su relación con el movimiento, con la mecánica de su cuerpo, con lo que ocurre en su mente, incorporando los factores propios de su psicología, considerando su morfología y biología, así como su biodinámica, que le permitirán llegar a ser un profundo conocedor de las mejores posibilidades para su desarrollo.

Es cierto que muchos deportistas tienen un talento innato, pero ese talento puede ser sobrepasado por quienes también lo tienen y que además poseen y cultivan una gran capacidad de reflexión sobre lo que hacen, y que, por lo tanto, obtienen mejores resultados, y son aun más exitosos.

El arte

En el arte a menudo nos encontramos con personas extremadamente talentosas y virtuosas que componen música, pintan, esculpen, escriben poesía, etc. En muchas ocasiones estas personas han generado grandes obras para la humanidad por sus talentos y dones naturales.

Por suerte, gran parte de esto puede ser emulado por cualquier persona que tenga interés, acercándose a lo que desea hacer, en la medida que empieza a interconectar la parte de su mente consciente con su mente inconsciente. De este modo, aprende cómo hacer presente su intuición para lograr una reflexión sostenida sobre su trabajo/arte, y genera así nuevos procesos creativos enriquecidos, a la vez que puede alternar entre fluir y articular su pensamiento.

El mundo de las profesiones

En el ámbito de las profesiones, podemos tomar por caso a un luthier, quien debe desarrollar y adaptar las técnicas y herramientas que utiliza, para que puedan conectarse con nuevas necesidades. De igual manera debe generar nuevas alternativas para problemas que eventualmente no existían, avanzando a través del tiempo y haciendo que sus aprendizajes sean una retroalimentación continua para generar nueva información, y de esta forma pueda obtener maneras distintas de pensar en cómo hacer mejor su trabajo en base a esta riqueza de pensamiento.

Lo mismo le pasará a un médico, ingeniero, o abogado, donde su "prime-knowledge" sirve de alimentación para aquella nueva información que se le incorporará producto de cambios y necesidades, incrementando así su capacidad de pensamiento y conocimientos sobre la disciplina que motiva su trabajo.

La creatividad y la innovación

En lo que se refiere a la creatividad e innovación, también podríamos considerar que aquellas personas a las que se les enciende una chispa en un momento de "¡Ha! ¡Tuve una idea!", les ocurre que la creatividad está al servicio de su pensamiento. Es decir, la persona hace nuevas conexiones y estas pueden ser interpretadas y reinterpretadas, utilizando ciertas bases y principios. Así, una vez articuladas generan nuevas formas y estructuras, que mezcladas con aquello que se desea realizar, enriquecen o generan los momentos de creatividad, no solo de forma espontánea, sino también de manera intencional.

Un buen ejemplo de creatividad asociada a disciplina, metodología, y sistematización, es el célebre compositor Johann Sebastian Bach. Dentro de ciertos principios y moldes, Bach desarrolló obras que hasta el día de hoy son admiradas y apreciadas, a pesar de que su contexto personal, en teoría, no era el más favorable para crear obras musicales, ya que en su casa, donde en general componía y trabajaba, estaban su familia, esposa y diez hijos, muchas veces a su alrededor.

Reflexiones finales

Espero que este artículo le sea de utilidad para recordar y aclarar qué es la habilidad y la competencia, así como comprender qué es la capacidad y la importancia de su desarrollo.

De igual manera, espero que ahora que ya tiene en consideración la "capacidad", esta pase a ser fundamental en su pensamiento como fuente principal y motor generador de competencias y habilidades, permitiendo la flexibilidad y adaptación de una forma mucho más consistente, debido a que su pensamiento no está enmarcado en reglas rígidas o preestablecidas.

Le sugiero que también tenga presente el desarrollo de su capacidad en el tiempo, pues esta le entregará una apertura para ir incorporando nuevos aprendizajes que, asociados a nuevas reflexiones, generarán un infinito de posibilidades, y en definitiva, le permitirán extender su pensamiento dialéctico para tener una mejor vida.

7.

"SECOND CYBERNETICS", CAMBIOS DE SEGUNDO ORDEN Y NIVELES DE APRENDIZAJE EN PNL

El propósito de este artículo es entregar al estudiante de PNL, de coaching neurolingüístico, o de coaching integral, una perspectiva acerca de los distintos niveles de cambio y aprendizaje que se utilizan en los procesos e intervenciones, en función del trabajo que pueden realizar de forma personal con su "Self", y de acuerdo con su propio desarrollo ontológico y epistemológico.

Hoy, cuando escuchamos hablar de la palabra cibernética, nos viene a la mente la idea de computadores, quizá la imagen de una palabra antigua, asociada a las ciencias de computación. Sin embargo, en sus inicios, cibernética era la ciencia que investigaba la autorregulación y el equilibrio de los sistemas[1]; aunque claramente el término se ha usado mucho más de forma conceptual en áreas técnicas de ingeniería y, en especial, en el uso y desarrollo de dispositivos "servo-contralados". Por ejemplo, algo tan común hoy en día como un termostato, tiene una operación relacionada con "cibernética":

- Supongamos que tenemos un "acondicionador de aire frío", y usted lo pone a funcionar en un día caluroso. Una vez que el termostato detecta la temperatura en que debe empezar a generar aire frío –ya que el ambiente lo amerita– la máquina identifica el umbral de temperatura para el cual fue programado, y activa su circuito para hacer funcionar el motor, el cual facilita que el enfriador alcance la temperatura deseada.

- Probablemente, la máquina funcionará un lapso de tiempo, dependiendo del espacio que debe enfriar, de la cantidad de gente que hay en el lugar, de la temperatura ambiente, entre otros factores, hasta alcanzar el rango de

---

[1] Maruyama, Magoroh. "The Second Cybernetics: Deviation-Amplifying Mutual Causal Processes". *American Scientist,* 5: 2, 1963, pp. 164-179.

grados programados. En ese momento, el termostato vuelve a detectar que se logró el nivel de enfriamiento requerido para activar el mecanismo de compensación, y detiene su funcionamiento, tal vez pasándose a modo de ventilación, lo que impedirá que siga enfriando el ambiente hasta una temperatura que pudiera resultar indeseada.

- Este ciclo se repetirá permanentemente, de modo que si el termostato alcanza un umbral inferior de temperatura, la máquina lo desconecta, y lo vuelve a activar cuando la temperatura sea más alta, ahorrando así energía, y manteniendo la temperatura ambiente "regulada".

Este concepto de "compensación" para lograr un "equilibrio" puede ser usado en contextos muy variados, como en el área militar, por ejemplo, para corregir la dirección de los misiles si se detecta desviación por elementos como viento o tempestades. Y por supuesto para aludir a sistemas asociados a la biología, a sistemas sociales y al individuo, como una "unidad" sistémica perteneciente a muchos otros sistemas que lo integran.

Vale la pena mencionar que estos circuitos, al estar considerando sistemas de diversa índole, van a aportar no solo en el proceso de regulación de su equilibrio, sino también en aquello que los relaciona con el manejo del crecimiento o disminución de lo que está ocurriendo con el mismo sistema, permitiendo realizar ajustes para poder anticipar los resultados.

Los cuatro niveles de aprendizaje… que son cinco

Gregory Bateson define 'epistemología' como "Una rama de la ciencia combinada con una rama de la filosofía. Como ciencia, la epistemología es el estudio de cómo determinados organismos o agregados de organismos conocen, piensan y deciden. Como filosofía, la epistemología es el estudio de los límites necesarios y otras características de los procesos de conocer, pensar y decidir"[2]. Y en esta definición establece un marco de referencia, donde relaciona "aprendizaje" con teorías sistémicas, teorías de Tipos Lógicos de B. Russel y teorías de múltiples niveles lógicos de Capra y Hawkins. A la vez,

---

[2] "A branch of science combined with a branch of philosophy. As science, epistemology is the study of how particular organisms or aggregates of organisms know, think, and decide. As philosophy, epistemology is the study of the necessary limits and other characteristics of the processes of knowing, thinking, and deciding", en Gregory Bateson, *Mind and Nature: A necessary Unit*, New York: E.P. Dutton, 1979, p.228.

considera la cantidad de información que tiene la persona, la diferenciación entre los niveles lógicos de conducta[3] y la competencia en asimilar lo conocido, para eventualmente desarrollar aplicaciones o estrategias en función de su uso.

Entonces, y de manera sintetizada, podría mencionar que los "Niveles de Aprendizaje" de Bateson son:

- *Aprendizaje 0*. Se reconoce por la repetición de la respuesta, la cual no está sujeta a corrección. La persona presenta siempre el mismo tipo de respuesta. Por ejemplo, una persona ve que hay fuego y se quema. Al presentarse nuevamente una experiencia similar, vuelve a quemarse. Es verdad que este ejemplo podría parecerle extremo, pero llévelo usted a personas que siempre responden de manera negativa ante cualquier estímulo, y tendrá lo mismo.

- *Aprendizaje I*. Una vez que la persona extrae información de la experiencia, presenta un cambio en la especificidad de la respuesta por vía de la corrección directa de posibles errores, dentro de un conjunto de alternativas. Siguiendo con el ejemplo anterior, la persona ve que hay fuego y ahora conoce las consecuencias, por lo tanto, en este caso, ya no se quema, pues sabe que debe evitar el fuego.

- *Aprendizaje II*. Aquí existe un cambio en el proceso de Aprendizaje I, y la persona genera alternativas en los procesos, en sus secuencias, puntuaciones y frecuencias, así como en las tomas de decisiones asociadas debido a la corrección de las alternativas que selecciona. En este caso, y con el mismo ejemplo anterior, la persona sabe qué es el fuego, sabe cómo evitarlo, pero además sabe cómo usarlo y lo emplea para distintos fines.

- *Aprendizaje III*. Este sería un cambio en los procesos de Aprendizaje II, donde se realizan correcciones en los sistemas de conjuntos, en un nivel lógico que teóricamente transgrede aprendizajes previos, pero que debido a una metaestructura es capaz de entregarle una comprensión diferente, generando nuevas secuencias en los procesos. Si seguimos con el ejemplo del fuego, la persona sabe cómo evitar el fuego, sabe utilizarlo y sabe que quema, pero, eventualmente, si existiera un incendio en su casa y su bebé

---

[3] La distinción entre los niveles de abstracción lógica se considera como una clasificación a lo que la persona piensa, aprende, interpreta y comunica.

estuviera en alguna habitación en llamas, la persona sería capaz de entrar en ella, y poner en riesgo su vida para salvar al bebé.

- *Aprendizaje IV*. Teóricamente este sería un nuevo cambio realizado en el Aprendizaje III, aunque, de acuerdo a Bateson, probablemente aún no ocurre en ningún organismo.

Cambios de Primer Orden

Un cambio es una acción proveniente de una reacción directa, que produce ajustes debido a una modificación de contexto. Entonces, de acuerdo a Gregory Bateson, para el Aprendizaje en Nivel I tendríamos simplemente un cambio de conducta directa. Por ejemplo, si yo tengo hambre, buscaré algo para comer. Si está lloviendo, hago algo para cubrirme y evitar mojarme.

Considerando lo mencionado, podríamos decir que los Cambios de Primer Orden son cambios directos con causas y efectos lineales. Por ejemplo, comprarse una ropa nueva o ir a la feria para surtirse de verduras porque estas se han terminado en la casa, serían consideradas conductas directas que satisfacen una necesidad específica.

El condicionamiento pávloviano también puede entenderse como un ejemplo de Cambio de Primer Orden, porque ante un estímulo se da una respuesta específica. En el área empresarial, un ajuste en los procesos de ventas o de logística para realizar una mejora o subsanar un problema existente, también puede verse como un Cambio de Primer Orden. Por lo tanto, si existe una alteración de la respuesta de salida a una acción de entrada directa al sistema, estamos hablando, como generalidad, de Cambios de Primer Orden.

Todo tipo de redireccionamiento de conducta con una decisión específica que se ha tomado para modificar lo que se hace, sería considerado un Cambio de Primer Orden. Ya sean estos cambios estructurales a nivel de creencias o valores, o a nivel de metaprogramas, serían clasificados como Cambios de Primer Orden, debido a la decisión consciente de cambio.

Cuando revisitamos algunas técnicas de PNL, independiente del grado de sofisticación que tenga la técnica, resulta interesante notar que esta muchas veces está actuando directamente a nivel de cambios de conductas específicas, es decir, produciendo Cambios de Primer Orden. Por lo tanto, las técnicas de Anclaje, Cura rápida de fobias, Generador de nuevas conductas, entre otras, podrían ser catalogadas como técnicas orientadas a Cambios de Primer Orden.

Cambios de Segundo Orden

Si tenemos en cuenta los Niveles de Aprendizaje de Gregory Bateson y al mismo tiempo "Second Cybernetics", podríamos decir que en el Nivel II de Aprendizaje, al tener una variación del resultado final en el sistema, se obtiene una retroalimentación (positiva o negativa), que vendría a producir un ajuste de compensación en la entrada del sistema, es decir, en el nivel de aprendizaje, para encontrar su punto de equilibrio. Por lo tanto, cuando el cambio ocurre en función del resultado de salida del sistema que vuelve a intervenir en la entrada del mismo, tenemos un Cambio de Segundo Orden, porque va más allá de un simple ajuste para lograr un objetivo.

Por ejemplo, si una persona tiene un comportamiento relacionado con un aprendizaje producido por una experiencia, la que, a su vez, le entrega una retroalimentación, lo más probable es que la experiencia en sí haya impulsado cambios y modelado no solo la conducta de la persona, sino también generado una transformación.

Teniendo presente "Second Cybernetics", a partir del ejemplo anterior podemos decir que un Cambio de Segundo Orden es aquel donde existe una alteración de sus presuposiciones y paradigmas, pues el mapa mental de la persona ya ha sido modificado, producto de los resultados anteriores. Por lo tanto, para que existan Cambios de Segundo Orden serán necesarias técnicas y herramientas diferentes a las utilizadas para producir los Cambios de Primer Orden.

Podríamos decir que en un Cambio de Segundo Orden, las creencias se modificarán producto de las experiencias vividas y como consecuencia natural de estos procesos, más que por una decisión propia y, a su vez, vendrán acompañadas de cambios en los patrones de Metaprogramas.

Cuando se producen Cambios de Segundo Orden en nuestros pacientes o clientes, usted podrá percibir que el cambio es más profundo y logra permear otras áreas de sus vidas que no están conectadas directamente. En variadas ocasiones, el Cambio de Segundo Orden también produce otros Cambios de Primer Orden; aunque cabe señalar que un Cambio de Primer Orden no necesariamente produce un Cambio de Segundo Orden.

Los Cambios de Segundo Orden a menudo acarrean alteraciones en los patrones, en los procesos, en la estructura profunda, en la mente inconsciente, en la selección de variables que serán procesadas, y en las formas como serán procesadas, de tal manera que el contenido que establece este nuevo constructo de realidad de la persona pueda ser transformado. Por ejemplo, si alguien deja de tener una cierta estructura valórica específica para adoptar otra estructura valórica, surgirá como consecuencia que gran parte de lo que hacía y pensaba, así como sus conductas, serán modificadas.

En el curso de Master Practitioner, por lo general, se trabajan muchas técnicas de PNL orientadas a Cambios de Segundo Orden, entre las que encontramos el Reimprinting, la Integración de Anclas, La Molécula, las Anclas Sistémicas, y, por supuesto, la más importante, el rediseño y la implementación de nuevas estrategias, que constituye una técnica esencial de la PNL. Todas ellas vienen a apoyar profundas transformaciones en el mapa mental y en los sistemas de creencias de sus clientes. De hecho, gran parte de lo que se trabaja con las personas tiene que ver con problemas. Por ejemplo:

- Una persona tiene X pero quiere Y, y por lo tanto, hay que ayudarla a conseguir eso.
- Una persona tiene X y no lo quiere, por lo tanto, hay que ayudarla a librarse de eso.
- Una persona tiene X y quiere incluir Y, por lo tanto, hay que ayudarla a obtener eso.
- Una persona no quiere ni X ni Y, por lo tanto, hay que ayudarla en eso, pues el nuevo escenario tal vez considere un estado Z que no existía antes.

En los posibles estados ejemplificados arriba, la persona se encuentra en un problema (o algo no le está funcionando) y seguramente los Cambios de Primer Orden serán suficientes para ayudarla en sus necesidades más directas. Si esto no da resultado, se precisa la intervención con Cambios de Segundo Orden.

En estos ejemplos nos encontramos con una aplicación remedial de la neurolingüística o del coaching, donde algo que "no funciona" (causado por problemas, limitaciones, etc.) debe empezar a "funcionar bien", ya que se establece una corrección en la salida del sistema. De igual manera, cuando se utiliza PNL o coaching para producir transformaciones (en vez de trabajar en lo remedial), las mejoras sencillas pueden ser realizadas a través de Cambios de Primer Orden, y las más complejas a través de Cambios de Segundo Orden.

En los casos en que se están entregando soluciones como las mencionadas anteriormente, las llamamos soluciones generativas, pues algo (el sistema) ya "funciona bien" y a través de los distintos modelos mentales "se generan nuevas alternativas" que mejorarán aún más lo ya existente.

Cuando hablamos del diseño de estrategias en la PNL y de muchas de las intervenciones "directas", ya sea en el área terapéutica, personal, profesional, empresarial, u organizacional, estamos hablando de intervenciones a realizar por un master practitioner en PNL, pues este está entrenando para ganar "maestría" en Cambios de Segundo Orden.

Puesto que los Cambios de Segundo Orden producen situaciones nuevas que demandan cambios, el master practitioner debe ser capaz de crear nuevas técnicas de PNL, porque es la mejor manera de percibir cómo sus estrategias mentales logran reprocesar y ayudar en las transformaciones necesarias y existentes en otros sistemas.

Entendiendo los principios de Cambios de Segundo Orden en cibernética

Un sistema puede entregar una respuesta lineal a un estímulo externo y reaccionar en función de ese mismo estímulo. En ciertas situaciones, este sistema aprende del estímulo externo y ese aprendizaje proveniente del estímulo inicial se traduce en una retroalimentación. En base a esa retroalimentación el sistema vuelve a modificar su salida y respuesta, en relación al comportamiento inicial, pues sus procesos fueron corregidos para entregar un nuevo resultado.

Como ya lo hemos visto anteriormente, cuando el sistema genera un proceso de realimentación continua sobre la realimentación, por ejemplo, cuando tenemos una realimentación sobre "la comunicación que se está comunicando", lo que tenemos es un sistema de aprendizaje permanente, con Cambios de Segundo Orden.

Para un master practitioner en PNL, trabajar en sus propios Cambios de Segundo Orden significa ir más allá de lo que hubiese pensado hacer en varios planos. Por ejemplo:

En el plano personal:

- Detectar su potencial infinito de creatividad, alejándose de lo que pudiera ser copiar lo que otros hacen o piensan, para desarrollar su propia identidad.
- Establecer relaciones humanas que permitan su desarrollo de manera "ecológica" y que lo nutran en su crecer.
- Apoyar a todos quienes componen su sistema, pues su proceso de cambio y desarrollo será un catalizador positivo para el mismo sistema.

- Reconocer sus áreas de oportunidad y aplicar en ellas los Cambios de Segundo Orden.
- Integrar lo que sabe en teoría con lo que ha aprendido en el día a día, modificando parte de su identidad con una visión de un "Código Nuevo".
- Transformar su "Ser Humano" en un "Ser Humano Ético", entendiendo que su desarrollo debe ser ético y moralmente congruente con lo que quiere vivir, para que su estado de consciencia sea una guía en su vida y lo lleve a una posición de liderazgo consciente virtual.

En el plano profesional:

- Lograr el éxito en todo aquello que se proponga, sea en la adquisición de destrezas, habilidades, o conocimientos, o el logro del éxito financiero o de reconocimiento.

Así, cuando nosotros pensamos en programación neurolingüística y la correlacionamos con los Niveles de Aprendizaje de Bateson, podemos decir que al final de los cursos de Practitioner las personas debieran haber asimilado el material entregado para realizar Aprendizajes de Nivel I y ser capaces de producir en sí mismos, y en otros, Cambios de Primer Orden. Mientras que las expectativas para un curso de Master Practitioner es que puedan realizar aprendizajes en los Niveles II y III y producir Cambios de Segundo Orden.

Espero que este artículo sea de ayuda para mejorar la información existente respecto de las distinciones que tenemos entre lo que se espera de un practitioner y un master practitioner en PNL y, de igual forma, que entregue algo de información a quienes trabajan con coaching neurolingüístico y coaching integral, para que puedan empezar a entender ciertas diferencias que sin duda ameritan un artículo especialmente dirigido al tema.

8.
ECOLOGÍA

El concepto de "ecología" es definido de forma general como la interrelación e interdependencia existente entre organismos, y entre estos mismos con su ambiente y contexto. La etimología de la palabra proviene de los términos griegos oikos (casa) y logia (estudio) que significaría "estudio de la casa" con el sentido de "hábitat", sin embargo, se le atribuye a Ernst Haeckel su uso por primera vez en el año 1869.

Algunas definiciones de 'ecología' que pudiéramos extraer de diccionarios serían:

- f. Ciencia que estudia los seres vivos como habitantes de un medio, y las relaciones que mantienen entre sí y con el propio medio.
- f. medio ambiente. Defienden la ecología de su comarca.

Y también, relativo a la Ecología:

Ecológico, ca

- adj. Perteneciente o relativo a la ecología.
- adj. Realizado u obtenido sin emplear compuestos químicos que dañen el medio ambiente. Agricultura ecológica. Tomates ecológicos.
- adj. Dicho de un producto o de una actividad: Que no es perjudicial para el medio ambiente. Combustible ecológico.

Es muy cierto que el término 'ecología' ha sido originalmente empleado en las áreas de biología e historia natural. Adicionalmente, sus principios conceptuales han sido llevados a la Teoría de Sistemas, lo que ha facilitado enormemente la comprensión de cómo las personas se interrelacionan con sus familias, con la ciudad donde habitan, cuál es su relación con su trabajo y con su vida personal.

El concepto de ecología ha permitido entender cómo funciona el mercado y un sinfín de nociones asociadas a distintas disciplinas, que además deben tener en consideración al individuo como parte de un sistema propio de sí mismo.

Vale mencionar también que de acuerdo a la Teoría de la Evolución de Charles Darwin, la esencia de su propuesta nos habla de adaptación, evolución o desaparición, y en ella Darwin está incluyendo implícitamente el concepto de ecología. Como bien debe recordar, esta teoría darwiniana señala que aquellos organismos que se reproduzcan de la mejor forma, en función del ambiente en el cual se encuentran, ya sea por vía de la adaptación o por la evolución, impulsadas como necesidad por el mismo sistema contextual donde se desarrollan, serán aquellos organismos que sobrevivirán.

En consecuencia, podríamos decir que tanto la evolución como la adaptación de un organismo son procesos asociados a cambios, mutaciones o transformaciones que permitirán que ese mismo organismo pueda seguir existiendo como especie en el contexto donde se desarrolla o, en su defecto, lo impulsan a buscar otros nichos que le sean más propicios para su supervivencia; puesto que, de no lograr la evolución ni la adaptación, significará la desaparición del organismo. Por lo tanto, podríamos entender que el adaptarse a un cierto contexto es un factor crítico de éxito y supervivencia, o de desaparición en determinado sistema.

En la Teoría General de Sistemas, el elemento que tenga el máximo número de conexiones y también el máximo de flexibilidad es el más importante del mismo sistema. Por supuesto, esto es así considerando que los sistemas tienen su peso de importancia relativa, y eventualmente, la no adaptación de uno de esos sistemas a la operación que requiere para mantener evolución o adaptación implica que la propiedad emergente del mismo sistema deja de estar presente, mutando a otra forma de sistema o forma de vida.

Por ejemplo, podríamos hablar de un avión comercial, que tiene un sistema interno de aire acondicionado y también de entretención. El hecho de que estos dos sistemas dejen de operar no implica que el avión no haga la función para la cual está diseñado (su propiedad emergente en teoría de sistemas es transportar personas).

Ahora, esta misma condición de no funcionamiento llevada a sus dos turbinas, implica que la propiedad emergente del avión, que es volar para transportar personas o carga, deje de estar presente. Por lo tanto, es clave que el índice de fallas de una turbina sea bajísimo –como efectivamente lo es– y además, que pueda adaptarse a un sinfín de condiciones atmosféricas, ambientales, etc.

Sin duda, lo anterior es planteado de forma extrema, pero pudiera ser que alguna variable del sistema, que se conecta con otra parte del mismo, propague el funcionamiento inadecuado provocando que sea más difícil la adaptación de la operación, causando también un problema mayor.

En el caso anterior, podríamos tener que las turbinas funcionan muy bien, pero hay un desperfecto en el sistema eléctrico que finalmente hace que toda la instrumentación deje de operar. Como se puede imaginar, no es una consecuencia que afecta de manera directa el funcionamiento, pero de forma sistémica, esto comprometerá la operación general del avión.

En el cuerpo humano, por ejemplo, son frecuentes las migrañas de manera permanente, lo que podría ser una consecuencia del estrés, de una vida con poco reposo, de falta de sueño, de mala alimentación, así como una señal de que otra parte del cuerpo no está funcionando adecuadamente.

Por otro lado, automedicarse con analgésicos para mitigar o eliminar el dolor de cabeza, podría traer una consecuencia mucho mayor, pues con esta acción tal vez se está escondiendo el síntoma. Y si este malestar es causado por una descompensación de otros parámetros propios del equilibrio fisiobiológico de la persona, o por un sinfín de causas que no se están corrigiendo al reducir el síntoma, podría agravarse el problema existente.

En el plano de las conductas humanas, también vemos lo mismo, como por ejemplo en una organización, donde una persona cree que tiene "razón" en comportarse como lo hace, a pesar de que existen claras señales de que en su contexto no aprueban su forma de conducirse. Ella insiste en que está en lo cierto –independiente de que tenga razón o no–, y hará que el sistema la clasifique como una variable de disfunción, que provoca una disrupción a la propiedad de funcionamiento de la misma organización, causando probablemente su salida, pues de cierto modo genera un problema para el total del contexto donde está inserta.

Ahora, con lo anteriormente mencionado, y llevando esos conceptos de ecología al mundo de la neurolingüística, tenemos que la ecología se relaciona con la necesidad de una adaptación o evolución de las variables que están propiciando cambios (personales, profesionales, organizacionales, etc.), que se interconectan con el resto de las variables existentes y que son parte del sistema. De este modo se logra obtener el nuevo resultado esperado, y que además siga funcionando de forma óptima.

Entonces, el cambio que ocurre producirá un efecto inmediato en las variables concatenadas más próximas, donde además se debe corroborar cuáles son los alcances que influyen en estas variables al recibir flujos que las impulsan a producir modificaciones en superación. De igual manera, ese cambio debe ser verificado para todas las variables con las que está concatenado directamente, así como estas con las subsiguientes, para que sea comprobada la operación de todo el sistema.

Resulta importante tener en mente que las personas, cuando hacen el ejercicio de verificación de la ecología del sistema que tienen en mente, por lo general, consideran las variables más evidentes y próximas a su alcance, sin una exploración detallada de la totalidad, o al menos, con la mayor cantidad de variables que sean representativas y relevantes para el sistema. Es decir, muchas veces no están teniendo en mente la enorme cantidad de sistemas del cual también forman parte y que podrían ser afectados, pues aunque aparentemente no tienen relación, en realidad atraviesan la vida del individuo.

De hecho, una acción de este en un sistema, donde sí se han revisado las consecuencias, podría causar una alteración en otro sistema que no se percibe directamente conectado, pero como una parte de la concatenación ya no solo de las variables, sino de los sistemas entre sí.

De forma simple podríamos decir que la ecología es la herramienta que en la programación neurolingüística empleamos para estudiar las causas, los efectos y las consecuencias generales que pudieran ocurrir en un sistema dado debido al impacto de determinados cambios o transformaciones.

La definición anterior implica que asumimos un funcionamiento esperado del sistema; por lo tanto, al haber una modificación en el mismo, buscamos percibir de qué manera los elementos que lo componen, alterados de forma dinámica, pueden cambiar el resultado esperado de su funcionamiento.

Si llevamos esto a lo que sería una meta y objetivo propias de un cliente, paciente, coachee o mentee, podríamos decir que el resultado de sus acciones, probablemente asociadas a nuevas conductas y modos de entender el mundo, pueden alterar el medio donde esta persona se desarrolla. Por ejemplo, si decide trabajar mucho más tiempo, pues asocia la variable "más tiempo igual a más dinero", podría sucederle que dedicar mayor tiempo al trabajo efectivamente le produce más ingresos, pero afecta su vida familiar nuclear, y tal vez la de toda su familia extendida.

De igual forma, en el tiempo podría encontrarse con situaciones que no tiene consideradas; por ejemplo, que los hijos le reclamen su ausencia, diciéndole que es un mal padre o una mala madre, contraviniendo exactamente la idea inicial de que quería trabajar más para dar un mejor bienestar a la familia (siendo buen padre y/o madre). Sin embargo, ese bienestar, comprendido desde la perspectiva de otros miembros de la familia, no ocurre como tal, en la medida que se logra lo material, pero la merma del tiempo en casa, con la ausencia parental, presenta significados inesperados para los padres, pues sus hijos logran hacer la conexión lógica de que esa ausencia de tiempo es igual a falta de cariño.

En términos de neurolingüística, también podríamos afirmar que al trabajar ecología podemos verificar en cada uno de los pasos de las distintas técnicas ciertas variables que pueden incidir en el resultado final. Por ejemplo, considerando Submodalidades, llevar a los extremos las variaciones de las Submodalidades críticas y esenciales, y observar qué efectos se producen, tanto en la forma de percibir la experiencia, como de examinar qué otros cambios ocurren en cuanto a creencias y valores, y, por supuesto, de respuesta al estímulo externo que pudiera resultar en un nuevo comportamiento o conducta.

Se podrían utilizar simulaciones de distintas estructuras de VAK's verificando también sus extremos, así como revisar las modificaciones en términos de Metaprogramas, probando las distintas posibilidades para después validar con cuáles la persona se siente más a gusto al vivir la experiencia que desea vivir.

Para aquellos que trabajan con Código Nuevo se pueden verificar un sinfín de posibilidades y variaciones corporales, físicas, de tonos de voz, estados internos, modificación de lenguaje, etc.

En este caso, lo interesante es que no solo se está probando la ecología, sino que de alguna forma la persona está haciendo una "prueba de instalación" respecto de cómo sería su desarrollo en el escenario de su vida, desenvolviéndose con esas nuevas posibilidades en su mente.

Es importante destacar que las pruebas de ecología o pruebas ecológicas dentro de una sesión no solo ven las posibilidades de la operación adecuada del cambio dentro del sistema, manteniendo su óptimo funcionamiento, sino también deben considerar qué efectos tendrá cada variación en los resultados finales que se lograrán.

En general, se tratará de una medición –muchas veces cualitativa más que cuantitativa– donde el cliente debe ponderar que si hace A tiene un resultado

X, versus que si hace B y tiene un resultado Y. Pero tal vez no se le ocurra, y eso es motivo de que usted le consulte, "por qué no hace A, B o C, y así tal vez logre un resultado Z, que es mejor que el resultado X o Y".

Bajo la premisa anterior, el cliente está considerando no solo un resultado personal, sino también un resultado que contemple las distintas capas que componen su vida, como se expresa en el Diagrama 1.

Diagrama 1.

En el contexto de una sesión de PNL, de coaching, o de hipnosis, es recomendable que usted ayude a su cliente a "visitar" en su mente el futuro – que claramente es posterior y fuera de la sesión que están teniendo– y una vez en ese futuro, que él/ella se imagine cómo será experimentar lo que vivirá con todos los posibles cambios, modificaciones y eventuales transformaciones que pudieran evaluarse. A partir de ello, y teniendo en consideración cada una de las capas que se encuentran en el diagrama, puede preguntarse:

1. Si hago esta modificación en mi conducta/comportamiento/actitud, ¿qué podría ocurrir como consecuencia (o cambiar) en "distintos contextos" de lo que tengo hoy? (Esta es una pregunta directa a la mente consciente).

2. ¿Hay algo adentro de mí que me dice, que ve, o siente, y que aún no tengo en consideración, que si hago este cambio de conducta/comportamiento/actitud podrían ocurrir transformaciones en "distintos contextos" de lo que tengo hoy? (Es una pregunta directa a la mente inconsciente).

3. ¿Qué pasaría en situaciones extremas con usted y su entorno a partir de estos nuevos cambios de conducta/comportamiento/actitud? (Estresar variables sistémicas).

4. Si usted no fuera usted y fuera otra persona, ¿qué ocurre con usted y su entorno desde sus nuevos cambios de conducta/comportamiento/actitud? (Identificación de conducta en otro yo).

5. Si usted fuera enjuiciado por personas que lo quieren, ¿qué dirían de sus nuevos cambios de conducta/comportamiento/actitud? (Revisión de modelo de aceptación social-emocional).

6. ¿Cómo se percibirían estos cambios por sus entornos más amplios (familia cercana, familia extendida, trabajo, amigos, sociedad)? (Revisión de conexiones sociales).

7. ¿Cómo percibiría su pareja estos cambios? (Modificación de estructura cultural y semántica).

8. ¿Qué ocurriría si dejara de hacer algunas cosas y/o hiciera cosas totalmente fuera de todo lo esperado? (Establecer un marco de creatividad).

9. ¿Qué ocurriría si nada de lo que tiene planeado le resulta? (Propuesta dialéctica que busca la confirmación del hecho o la respuesta con una reacción propositiva).

10. Si usted recrea en su mente a las distintas personas que forman parte del escenario de su vida y prueba mirarse desde el ángulo mental de cada una de ellas, ¿qué observaciones harían respecto de sus cambios? (Planteamiento en base a la observación pura del VAK en base a posiciones perceptibles).

11. Y si usted se pusiera en el lugar de cada una de esas personas, ¿qué opinarían y cómo percibirían/valorarían sus cambios? (Planteamiento en base a la subjetividad de las creencias de las distintas perspectivas).

12. ¿Qué piensa usted mismo/a sobre esos cambios?

13. Si usted se ve desde afuera, ¿cómo se percibe?

Tanto en sesiones de PNL, coaching, o hipnosis, es muy frecuente que los clientes expongan la necesidad de llegar a un peso ideal. Antes de empezar el proceso, nosotros siempre solicitamos que la persona haya estado en contacto con un/a profesional de la salud, se haya realizado exámenes que entreguen un perfil biológico, y haya consultado a un/a nutricionista que le pueda recomendar la alimentación precisa de acuerdo al tipo de actividades, la forma de vida, su perfil biológico y las necesidades que tiene como meta y objetivo.

Si usted se percata, estamos trabajando de forma inmediata lo que llamaríamos un "marco de ecología", sin antes partir el proceso de apoyo para que la persona logre su peso ideal. Este marco de ecología busca que la persona no siga dietas que le "parecen" adecuadas porque tiene referencias de un/a conocido/a que las ha hecho y que tampoco se automedique, pues las consecuencias podrían ser graves para el deterioro de su salud.

En el caso anterior, la función del master practitioner en PNL, del coach, o del hipnoterapeuta, es ayudar a su cliente a lograr esencialmente disciplina y sustentación de hábitos, trabajar creencias limitantes y acompañar en el proceso.

Resulta interesante notar que, en el marco de la ecología, nos encontramos con que la alimentación en exceso muchas veces constituye un elemento de entrega o compensación para algo ausente, así como cuando se presentan desórdenes alimenticios que conllevan bajas de peso existen temas asociados a construcción de imagen, de control, etc.

Otro ejemplo que podríamos tener es el del profesional que es trasladado de una ciudad a otra, o a otro país, debido a un ascenso que incluye más dinero, mejor proyección, más responsabilidades y un desafío importante que impulsa su motivación. Lo más probable es que este/a ejecutivo/a tome la decisión de aceptar la oportunidad, muchas veces sin consultar a su familia ni reflexionar demasiado.

Esta misma decisión puede acarrear, por otro lado, un sinfín de complejidades para su grupo familiar, tales como la adaptación a una nueva cultura, el eventual cambio de colegios, la interrupción de la convivencia diaria con amigos, la ausencia de la familia cercana (papá, mamá, hermanos), las posibles dificultades con idiomas, el acostumbramiento a nuevos vecinos, reglas de convivencia y de credos, problemas de trabajo para la pareja, etc.

Por lo tanto, antes de tomar una decisión, y si esto es motivo del trabajo que se realiza en una sesión, la función del master practitioner en PNL, del coach, o del hipnoterapeuta, pudiera ser ayudarlo a pensar en todo lo que debe ponderar para mantener el "equilibrio del funcionamiento de su vida familiar". De este modo será posible ver qué tipo de solución entrega para cada uno de los temas que deben ser cubiertos para que la decisión, ya sea aceptada o no, tenga un amplio marco de consciencia con los significados que esta acarrea, no solo para el ejecutivo, sino para todos aquellos que forman parte de su vida.

Por increíble que le pueda parecer a usted –y es una de las presuposiciones de la PNL– todo lo que hacemos tiene una intención positiva (para nosotros mismos), lo que no excluye que eventuales consecuencias de nuestras acciones, decisiones, comportamientos y conductas, puedan ser muy malas para otras personas. Así, al realizar "testeos" de ecología, siempre será importante tener en cuenta la intención que se encuentra asociada al trabajo, pues muchas veces esa intención positiva para la persona pudiera ser motivo esencial de cambio al ser llevada a una evaluación sistémica.

En PNL, a esta intención positiva se la llama "función del estado presente", pues indica cuál es la "función" de aquello que ocurre en el momento presente, lo que también es llamado "propósito", o meta/objetivo. En otras disciplinas de las TDH's (Tecnologías del Desarrollo Humano) comúnmente se le llama "ganancia secundaria", término que me parece algo confuso, pues a menudo, más que secundaria, se trata de una ganancia primaria, que reside en la persona de forma inconsciente.

Por lo tanto, al realizar la revisión de la ecología, el terapeuta debiera hacer una comprobación del "metaobjetivo" y también, de manera simultánea, tener presente que lo que requiere esta parte que recibe el beneficio de la intención positiva igualmente debiera tener el mismo beneficio al poder transitar hacia un nuevo estado o conducta.

Por ejemplo, a alguien que diga que le gustaría hacer gimnasia, pero no sabe por qué no lo hace, usted deberá preguntarle:

- ¿Qué logra/obtiene/gana/consigue al no hacer gimnasia?

Lo más probable es que le responda que no obtiene "nada". Que en realidad solo se hace mal a la salud. Sin embargo, al realizar los chequeos de ecología, posiblemente verificará que dice que no hace gimnasia, pues no tiene tiempo, y que donde va no es cómodo, o que no le gusta estar con tanta gente, o justo a la hora que podría ir va mucha gente, y que además está cansado/a, etc.

Cada uno de esos impedimentos en sí, una vez deconstruidos, oculta un beneficio, que debe considerarse al trabajar un nuevo objetivo. Por ejemplo, para los argumentos de:

- *No tener tiempo*: deberá ayudar a la persona a revisar su distribución de horarios y ver de manera realista cómo podría hacer lo que quiere en el tiempo que tiene disponible.

- *Que donde va no es cómodo*: debe ayudarla a encontrar otro lugar, pues con ese que no es cómodo, probablemente no ocurrirá un cambio.

- *Que no le gusta estar con tanta gente* (que justo a la hora que puede ir va mucha gente): Si no es posible cambiar el horario para hacer gimnasia, tal vez debe buscar otro tipo de actividad.

- *Que además está cansado/a*: en este caso, no solo se debe cambiar de lugar, o buscar otro horario durante el día, pues la frecuencia también debe ayudar a explorar otros tipos de actividades, y que además todas coincidan con el funcionamiento armónico de su contexto y entorno familiar.

De igual forma, al revisar la ecología de un eventual cambio de hábitos en la alimentación para llegar a un peso ideal, deberá tener en cuenta la intención positiva de lo que vive hoy la persona, pues, por lo general, la alimentación (muchas veces asociada a la adictiva mezcla de azúcar, sal, harina y grasas) entrega placer y compensación inmediata al operar como una gran mitigadora de ansiedades. Entonces, el trabajar los elementos asociados –como la ansiedad, por ejemplo– será fundamental para un resultado exitoso en el proceso que es solicitado para lograr el peso ideal.

Si emplear un testeo ecológico significa, como ya lo hemos visto, tener una consideración sistémica, será esencial también considerar todo lo que es el individuo en su aspecto fisiológico, verbal, paraverbal, emocional, etc.

En nuestros cursos de Master Practitioner en PNL, trabajamos el Código Nuevo desarrollado por Bandler y que justamente le permitirá al master practitioner hacer intervenciones donde se puede percatar de transformaciones que se traducen en un cambio de postura de su cuerpo, o un incremento de flujo sanguíneo en el cuello, reacciones alérgicas, etc., solo por volver a revisar ciertos asuntos como posibles sucesos.

El modelo de John Grinder del Código Nuevo le dará la posibilidad de experimentar nuevas condiciones asumiendo, por ejemplo, que si tuviera una respuesta distinta de su cuerpo, qué es o qué realmente quisiera que ocurriera. En el fondo es un trabajo que se hace con la mente inconsciente, ya que en este caso las respuestas no son directamente verbales.

Por lo tanto, al hacer las modificaciones provenientes desde el cuerpo o desde la mente inconsciente para que el cliente gane conciencia, los cambios que pudieran surgir deben ser visitados de forma paulatina para nuevamente entender cómo reacomodar todo el sistema.

En este mundo donde las metas y objetivos se hacen tan importantes, puede suceder que la persona eventualmente no gane conciencia sobre las consecuencias que pudieran ocurrir al obtener el resultado específico y desde esa perspectiva usted debe trabajar con la negación que el cliente le dará a posibles consecuencias. Muchas veces esas negaciones vienen en formato de reencuadres donde todo puede ser solucionado, sin embargo esas soluciones no consideran las posiciones perceptuales, creencias y valores que son parte, por ejemplo, de su entorno familiar.

Es decir, alguien podría estar muy interesado en aceptar un cambio o promoción en su cargo y con ello dejar el país, pero ¿será eso lo que quiere la familia? ¿Lo ayudará eso en su desarrollo de pareja? ¿Le permitirá eso desarrollarse emocionalmente? Encuadres tales como "será muy bueno para los niños" no necesariamente se traducen en esa realidad, principalmente cuando los niños ya tienen una edad en que la adaptación a una cultura distinta se les torna compleja.

Dentro de una sesión podrán surgir típicas necesidades para hacer comprobación que se relacionan con asuntos que parecen muy sencillos en su esencia, y sin embargo son, por lo general, totalmente sistémicos. Bajo esta perspectiva podríamos considerar temas tales como llegar a un peso ideal, dejar de fumar, ciertas adicciones, hacer gimnasia, establecer ciertos hábitos, procrastinar menos, etc.

Recuerdo una sesión donde una paciente me solicita dejar de fumar; en la sesión ella llega a concluir que el cigarro le entrega el beneficio, el para qué, de tranquilidad, seguridad, bienestar. Por lo tanto, cualquier conducta que venga a sustituir aquello que ella hacía al fumar debe tener en consideración los mismos beneficios, es decir, le deben entregar tranquilidad, seguridad y bienestar.

Esta paciente era amante del yoga y apreciaba mucho la tranquilidad, y cuando lograba ciertos estados mentales gracias a la práctica del yoga decía que no necesitaba nada más. El cigarro en esa condición no le era necesario. Por lo tanto, el anclaje y el reforzar esa conducta y estado interno, sin duda sería de ayuda para dejar de fumar.

Sin embargo, al hacer una comprobación ecológica, le pregunto qué le faltaría una vez que ella dejara de fumar, asumiendo que ya tendría tranquilidad seguridad y bienestar, y ella me responde de forma sorpresiva que le faltaría su papá. Durante los últimos años de vida, su papá se va a vivir con ella, y antes de dormir, desarrollaron el hábito de fumar un cigarro juntos en la cocina, hablando de sus experiencias, de la infancia, y estableciendo un fuerte vínculo emocional.

Por lo tanto, a través de esa pregunta, ella descubre que el cigarro no era solamente aquello que pensaba, sino también algo mucho más profundo, pues suponía una conexión con uno de sus afectos más importantes. De esta forma, para que ella dejara realmente el cigarro, debía encontrar un sustituto para conectarse con su papá, y ya no desarrollar ese vínculo a través del cigarro. En este proceso a ella le ayudó muchísimo descubrirse en una posición perceptual distinta a la de sí misma y de esta manera examinar su sistema de una forma disociada, como si fuera una observadora.

Espero que este artículo relacionado con la ecología sea de ayuda y apoyo para una mejor comprensión de lo que significan los beneficios de poner atención en todos estos aspectos de nuestras vidas, tanto para la persona que solicita la ayuda, como para usted, de modo que pueda contar con más seguridad a la hora de ayudar a su cliente en la obtención de sus resultados.

Recuerde también que estas pruebas de ecología pueden realizarse muchas veces, y en distintos momentos de una sesión, pues sirven tanto para validar el proceso y ofrecer la certeza de que está bien encaminado, como para detectar qué elementos aún no han sido cubiertos, y así, con esta estrategia, enriquecer el trabajo que usted está desarrollando para apoyar a las personas.

EL AUTOR

Paul Anwandter es autor de libros de coaching, mentoring, PNL e hipnosis, traducidos al inglés y al portugués. Director de HCN World, de la Academia Inpact, de la Sociedad Chilena de Hipnosis, Presidente de la EMCC Latam (European Mentoring and Coaching Counsil para Latinoamérica) y Presidente de la Asociación Chilena de Coaching y Mentoring.

Además es:

- Master Coach, certificado por HCN World.
- Master Trainer Coach Integral ICI y Master Trainer Coach, certificado por la International Association of Coaching Institutes (ICI) de Alemania.
- Master Developmental Coach and Consultant, certificado por la IDM de los EEUU.
- Master Trainer en PNL, certificado por la International Association of NLP-Institutes (IN) de Alemania y por la International Community of NLP (ICNLP) de Suecia.
- Fellow Member Trainer, certificado por la IANLP de Suiza.
- Trainer de Mentoring, certificado por Coaching and Mentoring International (CMI) de Inglaterra.
- Business Coach, certificado por la Worldwide Association of Business

Coaches (WABC).
- Mentor Profesional de la EMCC - European Mentoring and Coaching Council.
- Especialista en Hipnosis Clínica e Hipnoterapia Avanzada, certificado por la International Hypnosis Association LLC, (IHA).
- Profesor de los Diplomados Internacionales de Coaching Neurolingüístico, Coaching Integral ICI, Mentoring Profesional e Hipnosis Clínica en Academia Inpact S.A.
- Profesor de las Especializaciones de Team, Business y Executive Coaching en Academia Inpact S.A.
- Profesor de los cursos de Practitioner, Master Practitioner, Psicología Neurolingüística y Trainer en Programación Neurolingüística en la Academia Inpact S.A.
- Ingeniero Civil Electrónico - Escola Mauá del IMT de Sao Paulo, Brasil.
- Creador de la Revista ICIMAG.
- Fundador y Director Gerente de Inpact S.A. desde 1985.
- Socio fundador de HCN World.
- WABC Full Member Worldwide Association of Business Coaches (WABC).
- Miembro de la EMCC - European Mentoring and Coaching Council.
- Director de la Asociación Chilena de PNL (APNL).
- Miembro de la Sociedad de Escritores de Chile (SECH).
- Miembro del Colegio de Ingenieros de Chile.
- Miembro del Institute of Electrical and Electronic Engineers (I.E.E.E.) de EEUU.
- Miembro de la Systems, Man and Cybernetics Society y de la Society on Social Implications of Technology del I.E.E.E.
- Miembro honorario de la Asociación de Hipnoterapia de Nuevo León A.C.
- Conferencista internacional de congresos, seminarios y charlas en Argentina, Brasil, Chile, Colombia, Ecuador, México, Panamá, Perú, Portugal, Venezuela y EE.UU.

Libros del autor:

- ¿Dónde está mi chupete? (2021)
- Ella, él y los otros (2021)
- Mediación y Negociación con PNL (2020)
- Gitti Curió (2019)
- Manual de Mentoring Profesional (2018)

- Herramientas de Coaching Avanzado (2017)
- Hipnosis Ericksoniana: Competencias Esenciales (2017)
- Manual de Coaching Neurolingüístico (2017)
- Coaching: Factores y Estrategias (2016)
- Cuentos de jardineros y puercoespines (2016)
- Team Coaching: Cómo desarrollar equipos de alto desempeño – coautor (2015)
- Hipnosis Clínica y Terapia Breve – coautor (2014)
- Coaching Ejecutivo de Líderes (2014)
- Fragmentos de un Corazón Climático (2014)
- Cómo Conseguir lo que Quiero o Cuentos de Niños para Adultos (2012)
- Usos y Perspectivas del Coaching – coautor y coeditor del libro (2012)
- Doscientos Cuarenta y Tres Apuntes de Vida (2010)
- Coaching Integral ICI en los Negocios (2010)
- Autohipnosis: Entrene su Mente (2009)
- Introducción al Coaching Integral ICI (2008)
- Momentos Mágicos o una Guía para Viajar en el Tiempo (2006)
- Un Día cada Día o la Próxima Estación (2005)

Mini books del autor:

- Hipnosis Provocativa (2017)
- El gerente rey ha muerto (2015)
- ¿Puede el trance hipnótico lograr un desarrollo social emocional? (2015)
- Siete preguntas de su coach (2014)
- Responsabilidad (2014)
- Cómo hacer lo que quieres (2014)

Made in the USA
Columbia, SC
27 July 2024